儿童时间管理

王劲松　编著

吉林文史出版社
JILIN WENSHI CHUBANSHE

图书在版编目（CIP）数据

儿童时间管理 / 王劲松编著 . -- 长春：吉林文史
出版社，2023.5
ISBN 978-7-5472-9144-3

Ⅰ.①儿… Ⅱ.①王… Ⅲ.①时间—管理—儿童教育
—家庭教育 Ⅳ.① C935 ② G782

中国版本图书馆 CIP 数据核字 (2022) 第 196645 号

儿童时间管理
ERTONG SHIJIAN GUANLI

编　　著　王劲松
出 版 人　张　强
责任编辑　张涣钰
封面设计　郑金霞
出版发行　吉林文史出版社
地　　址　长春市净月区福祉大路 5788 号出版大厦
印　　刷　天津海德伟业印务有限公司
开　　本　640mm×910mm　　1/16
印　　张　12
字　　数　113 千
版　　次　2023 年 5 月第 1 版
印　　次　2023 年 5 月第 1 次印刷
书　　号　ISBN 978-7-5472-9144-3
定　　价　69.00 元

　　时间是看不见摸不到的东西，但我们时时刻刻都能感受到它。它的长短决定了我们生命的长度。然而，生活中我们却很容易因为一些不良习惯浪费宝贵的时间。尤其是孩子，他们对时间没有清晰的认识，也不懂得时间的宝贵，更不懂得如何管理自己的时间，所以他们会在无意间肆意挥霍、浪费时间。作为父母，为了孩子能够更好地成长，我们必须教会孩子管理自己的时间。

　　学习是孩子绕不开的话题，他们正处在学习的黄金时期，每分每秒都格外宝贵。作为父母，我们要告诉孩子如何珍惜时间，避免时间浪费，并学会高效利用时间。

　　现实生活中，很多爸爸妈妈都为此发愁，不知道怎样引导才能让孩子认识到时间的重要性，从而合理地安排自己的学习时间，提高学习效率。其实，这个问题并不难，只要我们用心去观察、了解孩子，针对孩子存在的时间管理问题对症下药，慢慢地，孩子就能管理好自己的时间了。

本书从不同角度对孩子们的行为进行分析，对"时间"这个关键词进行全方位解读，并且列举了大量案例，方便读者从相关案例中找到解决问题的方案。

通常来说，我们首先要帮孩子找到他们浪费时间的缘由，然后开门见山地告诉他们什么是时间，为什么时间是宝贵的，然后再悉心教导，让孩子逐渐学会时间管理。

同时，本书一再强调父母这个角色的重要性。身为父母，我们一定要给孩子做好榜样，通过言传身教，让孩子从我们身上看到自律的重要性，从而加强时间观念，学会时间管理。

教育孩子是一个漫长的过程，不能一蹴而就，所以我们不能强调立竿见影的效果，而是用足够的耐心，一步步去引导孩子，让他们朝着好的方向发展。希望您能从这本书中汲取到营养，帮孩子纠正不良生活习惯，并最终把孩子培养成珍惜时间、热爱生命的少年，这样，他们的未来会更加光明。

目 录

第一章　寻找答案，孩子为什么爱磨蹭 / 001

孩子对时间没有清晰的概念 / 002

孩子对所做的事情不感兴趣 / 006

孩子做事时注意力不集中 / 010

孩子对所做的事情不熟练 / 013

孩子缺乏自信心，做事情手足无措 / 017

孩子心理焦虑，效率大打折扣 / 021

第二章　开门见山，告诉孩子时间是什么 / 025

时间是你生命的长度 / 026

时间是正在过去的每一分每一秒 / 029

时间浪费了就真的没了 / 033

珍惜时间，生命才会有收获 / 037

时间就像海绵里的水，挤挤还会有 / 040

时间就像手中的沙，要握紧每一秒 / 044

第三章　言传身教，培养孩子的好习惯 / 049

告诉孩子 1 分钟可以干什么 / 050

培养孩子一鼓作气的习惯 / 054

告诉孩子做事赶早不赶晚 / 057

做事一定要分清主次 / 061

做好计划，时间利用更高效 / 065

不要三心二意，要专心做好一件事 / 069

第四章　一声叹息，时间就这样溜走了 / 073

每天起床难如登天 / 074

吃饭的时候左顾右盼 / 077

沉迷手机无法自拔 / 080

写作业时神游四方 / 083

不停摆弄自己的文具 / 087

不会分配学习和玩耍的时间 / 090

第五章　悉心教导，让孩子学会管理时间 / 095

让孩子养成良好的作息习惯 / 096

让孩子感受时间的宝贵 / 099

让孩子试着自己安排时间 / 102

让孩子努力用最短的时间完成一件事 / 105

让孩子懂得劳逸结合 / 109

告诉孩子不给自己拖延时间的借口 / 113

第六章　以身作则，给孩子做管理时间的好榜样 / 117

按时起床，给孩子做好表率 / 118

少看手机，不给孩子做错误示范 / 121

合理规划，告诉孩子如何节省时间 / 125

少说多做，不苛责孩子 / 129

暗中观察，引导孩子合理安排时间 / 133

父母以按时完成工作的行为，告诉孩子什么叫守时 / 136

第七章　因材施教，直面孩子的懒惰心理 / 141

孩子心情愉悦时，更愿意积极行动 / 142

激发孩子的兴趣可提高他们做事的效率 / 145

设置挑战，激发孩子的求胜欲 / 149

创设情境，把孩子带入积极向上的氛围 / 152

由易到难，让孩子更易摆脱懒惰的束缚 / 155

夸奖孩子，会使有成就感的孩子更勤奋 / 159

第八章　提升自控力，让孩子更加守时 / 163

与孩子事先沟通好，孩子才愿意配合 / 164

让孩子的情绪得到宣泄，孩子才更易接受父母的教导 / 168

适当奖励，激发孩子守时的积极性 / 171

转移注意力，减少困难对孩子的负面影响 / 175

强化规则意识，让孩子懂规则、守规矩 / 178

培养专注力，让孩子不再三心二意 / 182

第一章

寻找答案，孩子为什么爱磨蹭

　　磨蹭是孩子学习过程中常见的问题，也是阻碍孩子学习进步的拦路虎。孩子之所以会有磨蹭的坏习惯，个中原因有很多，比较常见的原因有：孩子对时间认识不清、没有时间观念、对学习不感兴趣、缺乏自信、注意力不集中等。想帮助孩子改掉这一坏习惯，首先要找到他们磨蹭的真正原因，有针对性地引导，孩子才有可能彻底摆脱爱磨蹭的坏习惯。

孩子对时间没有清晰的概念

如果问爸爸妈妈们在教育孩子的过程中遇到的最大问题是什么，最具共性的答案可能就是磨蹭。磨蹭是很多孩子的通病，究其原因，很大程度上是因为孩子对时间没有清晰的概念。他们不知道做一件事情本该需要多长时间，一小时、一分钟又具体有多长。对时间没有清晰的概念，孩子自然就不会懂得珍惜时间，从而导致大量时间被浪费。具体到孩子的日常表现，就是行动缓慢、积极性差、拖拖拉拉等问题。

刚上小学的涛涛是一个对时间没概念的孩子，每天早上妈妈急得跟打仗一样，作为主角的涛涛却总是一副若无其事的样子。妈妈的早餐都已经做好了，涛涛的裤子还没有穿好，丝毫紧张感都没有。

每次妈妈催涛涛抓紧时间起床时，他都会不耐烦地回答："不是 7 点 50 分才上课吗，不着急。"

"你还要穿衣服、洗脸、刷牙、吃饭，路上还要耽误时间呢！"

"那也够了吧。"

在妈妈三番五次的催促下，涛涛终于懒洋洋地起床了，开始穿衣服。穿一下，眯一会儿，眯一会儿，再穿一下，两三件衣服足足穿了十多分钟。

妈妈又开始着急了："你能不能快点儿呢？"

"已经穿好了。"说着，涛涛走进卫生间，开始刷牙洗脸。可是妈妈等了好长时间，他也没有从卫生间出来，妈妈赶紧去看，结果涛涛早就开始玩起了水，牙刷还叼在嘴里呢！妈妈气不打一处来，大声地说："快点儿吧，快七点半了。你别磨蹭了好吗？"

"我这不是正在刷牙吗，没有磨蹭。"涛涛有些委屈地说。等他坐在饭桌前时，已经 7 点 35 分了。于是妈妈催促他喝了一口粥，又匆忙吃了一片面包，便收走了他的勺子。涛涛这下不乐意了："妈妈，我还没吃饱呢！"

"可是时间来不及了。"

"现在不是还没到 7 点 50 分吗。"

"你上学路上不花时间吗？快点走吧！"说完妈妈拿起涛涛的书包，生拉硬拽地把涛涛拖出了家门。

涛涛不仅在家里做事情磨蹭，在学校也是如此。他总是让同学们左等右等，即使有时快上课了，他也觉得时间还早。于是大家给他取名"小蜗牛"。他这个磨蹭的坏习惯可把妈妈愁坏了。

时间对于孩子们来说，是个虚无缥缈的东西，他们对时间没有清晰的概念。像涛涛妈妈那样不停地催促，不但不能让孩子改掉磨蹭的坏习惯，反而会让自己和孩子都焦虑，陷入恶性循环之中。这时，我们家长要做的，不是不停地催促和着急，而是要学会把"时间"这个概念传达给孩子，告诉他们时间是什么，告诫他们磨蹭是个坏习惯。只有对这些有了正确的认识之后，孩子才会有所改观。

小军也是个做事情非常磨蹭的孩子，从来不会痛痛快快把一件事情做完，每次都让妈妈着急。每当小军磨蹭的时候，妈妈除了催促他，没有任何办法。这不仅没有使小军加快速度，做事变得积极，反而不断引起母子间的争执，耽误了更多的时间。

一次，妈妈要带小军赶火车。本来，从家里出发的时候小军就已经耽误了很多时间。母子俩到了火车站、准备进站的时候，小军还在不停地磨蹭，他一会儿停下来看看穿梭的旅客，一会儿又说自己的脚不舒服。妈妈告诉他火车快要开了，再不抓紧就上不去车了，但小军还是慢吞吞的。妈妈一着急吼了他，这下小军干脆哭闹了起来，坐在地上不肯走了。妈妈无奈地看着自己的儿子，真是欲哭无泪。最终，在车站停止检票的前5分钟，母子俩才检票进站。坐在座位上的妈妈陷入了深思，怎样才能改掉儿子磨蹭的坏习惯呢？儿子一天天长大了，再不改掉这个坏习惯，必定会给孩子的成长造成非常不好的影响。

针对小军爱磨蹭的问题，妈妈咨询了一位当心理医生的朋友。朋友说，孩子磨蹭，是因为他们对时间没有清晰的认知，如果孩子能够对时间有一个清晰的认知，就会在很大程度上缓解孩子磨蹭的问题。于是妈妈开始教小军认识时间，了解时间，让他感觉1分钟有多长，比如走路能走多远，5分钟又有多长，能干哪些事情。10分钟、1小时，妈妈用具体的事情让他去体会时间。为了让他更好地掌握时间，在家里做什么事情，她都要和小军计时，比如5分钟洗脸，10分钟吃饭等。就这样，小军慢慢地对时间有了概念，也有了兴趣，经常自己给自己规定时间。慢慢地，小军做事情也不再那么磨蹭了。

磨蹭对孩子的成长危害巨大。首先，磨蹭会影响学习效率，导致学习成绩难以提高，并且年级越高影响越大。其次，会影响亲子关系，父母的催促会引起孩子的反感，久而久之，双方的不愉快会越来越多，从而阻碍孩子健康性格的形成。最后，磨蹭的孩子难以适应快节奏的社会，对其未来生活也会产生较大的影响。所以，当我们找到孩子为什么磨蹭的原因以后，就要积极帮助孩子，引导孩子，让他们尽快成为一个有时间观念的孩子。

孩子对所做的事情不感兴趣

人们常说，兴趣是最好的老师。的确，孩子做事爱磨蹭，浪费时间，很多时候也是因为孩子对所做的事情不感兴趣。如果我们能够将所做的事情和孩子的兴趣紧紧联系在一起，那么相应的事情就算原本很枯燥，做起来也会变得有趣很多。孩子的兴趣被激发出来了，他们做事的时候就会认真积极，事半功倍。相反，如果孩子对所做的事情提不起兴趣，父母又不能有效引导，他们的心中就会产生排斥情绪，本能地不想去做，因此表现出懈怠、磨蹭等问题。尤其是面对一些不想做又不得不做的事情时，孩子不得不以消耗时间来应对。而在我们父母看来，就是孩子在浪费时间。

梅梅是一个性格活泼的女孩，她对音乐情有独钟，尤其喜欢架子鼓。她觉得打架子鼓的动作非常帅气。可是妈妈觉得女孩子应该文静一些，学学画画之类安静的艺术更能陶冶情操，于是她不顾梅梅的想法就给她报了画画班。

梅梅说："妈妈，我不去画画行吗？我不喜欢画画。"

"兴趣是要培养的嘛，慢慢就喜欢了。"

就这样，每周去上画画课，梅梅都会想尽办法磨蹭，恨不得把整节课的时间都耽误掉才好。于是，每次到了最后，她都是被妈妈"押送"去的。课堂上，老师已经开始教了，可梅梅还磨磨蹭蹭地没准备好画笔。老师讲着色时，她也磨蹭着涂，涂得很慢，甚至还会不停地东张西望，时不时停下手中的笔。就这样，一节课下来，同学们早就完成了，可梅梅的画总也完成不了，老师还得单独再给她十几分钟时间去画。放学时，老师总会嘱咐梅梅妈妈："孩子画得太慢，让她回家多练习练习。"

回到家后，妈妈会找时间再让梅梅画，可她哪儿愿意呀，总是硬着头皮坐在画板前，开始各种磨蹭，一会儿要喝水，一会儿又要吃东西，一会儿又要上厕所……总之，画一幅画要整整一下午的时间，根本再没有时间去做其他的事情。妈妈觉得这样实在太浪费时间了，只好给梅梅退掉了画画班。

　　当孩子对所做的事情不感兴趣时，我们面对的选择通常有两种：如果孩子可以不做，那就不要逼迫孩子去做，毕竟没有人愿意被逼着做事情；如果孩子不得不做，我们身为父母，就要帮助孩子培养兴趣，从做的事情中寻找孩子的兴趣点，用足够的耐心去鼓励他们。在上面的例子中，梅梅喜欢架子鼓，这是孩子的兴趣所在，如果家里条件允许，妈妈完全可以顺着孩子的兴趣对孩子进行培养。如果现实条件不允许，妈妈也要在尊重孩子兴趣的前提下为孩子选择可以接受的兴趣班，而不是按照自己的意愿，强迫孩子去学习。

　　月月上小学三年级了，学校开设了英语课程。虽然月月在幼儿园时出于兴趣开发的目的接触过简单的单词发音，可与小学的英语课程相比幼儿园的英语学习，还是小巫见大巫。所以，月月看见英语课本就发愁，对英语丝毫不感兴趣。有好几次，她哭着对妈妈说："我一点儿也不喜欢英语，不学了行吗？"

　　"这是学校的课程，将来上初中、高中、大学都要学的。不学肯定不行。"

尽管老师和妈妈都已经明确了英语的重要性，可月月就是没兴趣学。她从来不会主动去读课文，记单词，每天的英语作业也是磨蹭着勉强做完，所以英语成绩非常差。老师告诉月月妈妈，英语是一门语言，死记硬背是不行的，光靠磨蹭着消耗时间是不行的，兴趣必须培养起来才行，这样她才不会磨蹭。

　　为了帮月月培养英语兴趣，妈妈找了一部英文卡通片给月月看，说："网上只有英文原版的，没有中文翻译版，你看不看？不看就去写会儿作业。"相较于写作业，月月当然会选择看卡通片了，虽然是英文发音的。过程中，月月不出意料地开始尝试着去学习、去说，也努力去记一些单词。虽然以她现在的水平还听不懂，但看情节也能多少明白动画片里在演什么。另外，看着妈妈看得津津有味，她很羡慕，便问妈妈能看懂吗？妈妈回答："当然了，我在大学可是过了英语六级考试的。"这让月月很羡慕，她觉得就是冲着以后能看懂外国卡通片，自己也要学好英语。

　　慢慢地，在看卡通片的过程中，月月积累了不少单词，读起英语来也觉得没那么别扭了。每次妈妈让她读课文，她拿起来就读，不会再像之前一样讲各种条件，出各种状况了。

　　后来，月月的英语成绩有了提高，她对英语也更有兴趣了，学习英语更积极了。

　　总之，我们不能因为孩子磨蹭就恼羞成怒，甚至打骂孩子，这是极不明智的做法。教育孩子是一个漫长的过程，我们要给予孩子足够的耐心，想方设法培养孩子的兴趣。兴趣一旦有了，孩子磨蹭的习惯自然就会改掉了。就像月月，对于英语一开始她是抵触的，作为爸爸妈妈，我们只能想尽办法培养孩子的学习兴趣，让孩子逐步喜欢上英语。

孩子做事时注意力不集中

注意力是指一个人的心理活动集中于某件事或某种事物的能力。注意力是否集中直接影响着孩子完成一件事的速度。当孩子注意力不集中时，他们就开启了磨蹭模式，开始浪费时间。通常来说，当孩子全神贯注做一件事情时，他们完成的效率会很高，并且完成得比较好。反过来说，当他们注意力不集中，左顾右盼，不仅花的时间很长，完成的情况也不是很好。如果这种情况不加以纠正，孩子就会变得越来越磨蹭，导致做事效率越来越低。

孩子正处在学习的黄金期，如果他们学习时总是磨蹭，那对未来的影响无疑会非常大。当我们发现孩子做事磨蹭，注意力不集中时，要积极帮助孩子改正，提升孩子的注意力。

在爸爸妈妈眼中，乐乐是个十足的捣蛋鬼，她一整天很少有安安静静做小淑女的时候。她活力满满，对什么事情都感兴趣，但对什么事都无法保持专注力，总是在做着这件事的时候又去想另一件事，结果就是手上的事情没干好，另一件事也没去做，白白浪费了许多时间。就拿每天写作业来讲，乐乐注意力不集中的毛病真是把爸爸妈妈愁坏了。

每天写作业，乐乐一会儿玩橡皮，一会儿又盯着窗户看，要不就看着书本发呆，自己的小脑袋瓜不知道在想什么，总之就是沉浸在自己的世界当中。可以肯定的是，她的注意力肯定没有在学习上。因为这个原因，她经常要熬夜到很晚才能勉强把作业做完。其实老师留的作业并不多，时间都因为她无法集中注意力白白浪费掉了。

孩子注意力不集中的原因有很多，在平时的生活中我们要注意观察孩子的行为。如果孩子出现注意力不集中的情况，我们就要注意观察，是什么分散了孩子的注意力。然后，根据孩子的具体情况，有针对性地帮孩子解决注意力不集中的问题。例如，孩子在专心拼玩具或者讲故事的时候，是不是经常被我们打扰；孩子在学习或做事情时，周围是否存在干扰因素等。

最近一段时间，妈妈发现欣欣总是很晚才完成家庭作业，并且错误率非常高。于是就问她："最近你们老师布置的家庭作业很多吗？"

"还可以吧。"

"那你为什么每次都那么晚才写完呢？"

"嗯——嗯——可能是题难的缘故吧。"欣欣支支吾吾地说。

妈妈觉得有点儿不对劲，就留心观察欣欣的情况。她透过门上的玻璃看见欣欣每写几道题，就会冲着窗外发呆，还不停地把玩着手中的笔，好一会儿思绪才会回到作业上来，并且仍时不时地向窗外看。

第二天，欣欣上学去了。妈妈坐在欣欣的位置上顺着她的视线看过去，正好看见爷爷的鸟笼挂在外面，每当有风吹来，上面的两条飘带就会来回摆动。妈妈觉得一定是鸟笼上的飘带不停地干扰孩子的思绪，让她无法集中注意力学习，变得磨磨蹭蹭。毕竟欣欣之前并不是一个做事磨蹭的孩子。

于是，妈妈跟爷爷商量，把鸟笼换了一个位置挂。晚上，欣欣发现窗外的鸟笼不见了，很惊讶地问妈妈："爷爷的鸟笼去哪儿了？"

"爷爷给鸟儿换了地方，让鸟儿从不同的角度去欣赏景色了。"

欣欣也没再说什么。从那以后，欣欣写作业的速度又慢慢提高了。因为没有鸟笼干扰，她很容易就能做到心无旁骛。

注意力对于孩子来说非常重要，如果孩子能够将注意力长久地集中于某一件事，那这个孩子的学习能力一定会很强。为了孩子更好地成长，我们一定要从小培养孩子集中注意力的能力，提升孩子的专注度，让他们拥有学习的定力，做一个专注认真的孩子。

孩子对所做的事情不熟练

有时候，孩子磨蹭并不是有意的，可能是因为他们对所做的事情不够熟练，缺乏应有的操作技巧，导致他们不知道如何省时省力，花了很长时间去做，结果却不能令人满意，于是被家长解读成磨蹭。事实上，孩子还小，他们的思维能力和身体的协调能力尚不完善，所以他们做事情时不懂得如何统筹安排，更谈不上时间管理。

小彤的妈妈经营着一家小小的手工作坊，制作一些珠串、小摆件之类的东西。每当小彤有时间时，妈妈就会把她叫到身边，让她跟着学习，这样一方面可以锻炼小彤的动手能力，另一方面当妈妈忙不过来的时候，小彤也可以帮一下忙。所以每学会一个挂件的编织手法，妈妈都会让小彤自己上手去练练。

　　暑假的时候，家里来了一位客户，需要让妈妈做一款小熊挂件，说是要作为礼物送给几十个小朋友，必须要在约定的时间交货才行。为了完成订单，妈妈很努力地编织，可她仍担心时间不充裕，所以希望小彤能给她帮一下忙，哪怕每天只做一点儿，也好帮她分担一下。

这个挂件的做法妈妈以前也教过小彤，但是过去了很长时间，妈妈发现小彤只编了半个，一副若有所思的样子，妈妈一下子很生气，对着小彤说道："妈妈整天很忙，不是不得已妈妈也不会叫你帮忙，可是你看看你，只想着磨蹭，根本没有把这当回事做。你太不懂得体谅妈妈了。"

妈妈劈头盖脸的一番话，让小彤备感委屈，泪水开始在眼眶打转。她解释说："我已经好长时间没有编这个挂件了。那个方法我有些记不清了，每编一点儿，我都得想一想，所以就耽误了时间。"

听了她的话，妈妈这才意识到，教小彤编这个挂件已经是好几个星期前的事情了。于是她坐下来，又耐心地给小彤讲了一遍做法。之后，小彤很快就完成了一个挂件，之后的编织速度也提升了不少。

所以，当我们发现孩子做事情磨蹭时，首先要考虑他在这件事情上是不是有些力不从心。如果他们真的是因为对所做的事不熟练而来回反复浪费了时间，磨磨蹭蹭，那这时，我们就要收起对孩子的责备，好好地给予他们帮助，让孩子弄明白如何去做，这样就可以节省不少的时间。

妈妈经常说王旭是"磨蹭大王"，因为他每天完成家庭作业用的时间太长，妈妈看着都要崩溃了。

每天晚上一写作业，王旭就开始有各种"磨蹭法"。他要么对着题目发呆，就好像在想什么事情，实际上思绪早就飘到了九霄云外；要么就竖起耳朵，听着家里人的动静，有谁说起他感兴趣的话题时，他就会插上几句。每当这时，妈妈总会强调："不要磨蹭好吗，赶紧做你的作业。"

尽管妈妈每天晚上都在催促，可每天晚上都是同样的状况，不见王旭有所改善。于是妈妈总是被爸爸调侃："你的碎碎念也不如唐僧管用哟。"

一天，王旭又在那里磨蹭着不写作业，妈妈实在气极了，于是走到他跟前，说道："我倒想看看你为什么不写，快点写。"妈妈盯着王旭拿笔的手，可他就是不动。过了一会儿，他才很小声地跟妈妈说："我不会。"

"不会？怎么能不会呢？不是白天刚学的吗？"

后来，妈妈冷静下来，开始给王旭讲题，这才发现王旭连最基本的运算方法都没掌握好，不是想不起来，就是跟其他的算法混淆，一直处于一种不清晰的思维状态，所以写作业才会磨蹭。了解了这个情况以后，妈妈总是抽空帮王旭复习，基础牢固之后，他写作业也熟练了很多，基本上也不用再让爸爸妈妈操心磨蹭的问题了。

相信没有一个孩子是愿意磨蹭的，即使孩子很小，他们也喜欢成就感，愿意痛快、出色地完成一件事情。所以在面对磨蹭的孩子时，我们真的需要多问一个为什么，确认是不是孩子不会做才导致效率低下。如果真是这样，我们就应该及时给孩子提供帮助，让孩子掌握相应的知识与技巧，提高孩子的学习效率。当孩子真正能够做到熟能生巧时，磨蹭的坏习惯往往已经不翼而飞了。

孩子缺乏自信心，做事情手足无措

　　自信心是一种积极的心理品质，它能够促使孩子奋发向上，勇敢地去追求成功。如果孩子缺乏自信心，他们做事情时会变得手足无措，畏畏缩缩，不知道如何是好。因为存在这种心理，所以他们不敢轻易去做事，会逐渐养成磨磨蹭蹭、浪费时间的坏习惯。

　　这个坏习惯一旦养成，孩子就会慢慢地习惯这种不良的状态，做事情的积极性也会减退，不愿在通往成功的方向上付出努力。为了避免孩子养成这样的坏习惯，身为父母，遇到这种情况一定要及时强化孩子的自信心，让他们清楚地明白自己可以，自己能行，并在此前提下让孩子知道自己要干什么，应该如何干。这样一来，他们做事情就不会犹豫不决、拖拉磨蹭了。

　　最近妈妈发现，跟秀秀同龄的孩子大都参加了学校的古筝兴趣班，妈妈觉得弹古筝非常优雅，所以她也想让秀秀学。在征得秀秀的同意后，妈妈给秀秀报了名。

　　但让秀秀感到苦恼的是，虽然她自己也非常想学好古筝，可是她自信心不足，总觉得自己学不会。上了两次课以后，秀秀还是找不到感觉，于是她就不想再去了。但她又不好意思跟妈妈说，上课的时候总是磨磨蹭蹭，几乎每次都是班里最后一个到的，并且很难进入学习状态。

妈妈及时发现了秀秀的问题，她耐心地跟秀秀沟通了很久。当秀秀把自己的心里话讲给妈妈后，妈妈摸着秀秀的头，温柔地说："我的秀秀是太希望自己做到最好了，无形中给了自己压力。其实你好好想一想，从小到大，哪些事你没有做好？只要你用心去做，你总是能做得很好，妈妈都为你骄傲。妈妈希望你能相信你自己。"

得到妈妈的鼓励后，秀秀调整了自己的心态，上课的时候格外用心，特别珍惜上课的时间，有不懂的就及时问老师，没用多长时间，秀秀已经跟上了老师的教学进度。又过了一段时间，秀秀弹奏的能力已经很突出了，在一次市里组织的文艺表演中，秀秀还作为学校代表参加了演出，得到了老师的表扬。

孩子自信心不足的原因有很多，大部分与我们父母有关。例如，我们过度包办孩子的生活，使孩子对自己的能力认识不足，从而产生不自信；在教育过程中对孩子约束太多，剥夺他们实践的机会，使他们不敢进行任何尝试等。当我们发现了孩子不自信的根源后，如果是我们父母的问题，我们要加以改正；如果是孩子的问题，我们要给予鼓励，帮助孩子树立起自信心。有了自信的驱动力，孩子就不会再磨蹭了。

周末天气晴朗，小刚的爸爸妈妈邀请了几个好朋友带着孩子去野外郊游。他们来到一个小树林附近，树林旁边还有一个小湖，前面是一片大的开阔地，绿草如茵，环境非常美。于是大家决定在这里安营扎寨，好好地玩上一天。

　　一位家长拿出一块大的防水布，把孩子们叫到跟前说："孩子们，交给你们一个任务，你们去把这块防水布铺好，充当我们的餐桌，一会儿我们把吃的东西放上去。"接到任务之后，几个小朋友欢天喜地地拉着大防水布走了，只有小刚磨蹭着没有去。

　　这位家长问道："小刚，你怎么不去呢？"

　　"我就想在这里看着爸爸钓鱼，我根本就铺不好那块布。"

"你还没做怎么就知道铺不好呢？"

"在家里都是妈妈铺的，她说我铺不好。"

于是，小刚继续站在那里看钓鱼，其他小朋友则忙得不亦乐乎。过了一会儿，爸爸们有了收获，大家准备要烤鱼吃。这时，大人们又安排孩子们："去那片小树林里捡些干树枝来，看谁捡得又快又多。"话音刚落，孩子们就急匆匆地向小树林跑去了。可小刚却一直坐在那里摆弄鞋带。这时，又有一位家长说："小刚，你这鞋带玩了快10分钟了，抓紧吧，要不然别的小朋友可超过你了。"

"我不想去捡树枝，让我妈妈替我去吧，我去了不仅捡不到树枝，可能还会划伤的。"

听了他的话，大家笑了起来："男子汉怕什么，快去吧，小心点儿就好了，这个树林很平坦，我们能看见你们，不会有危险的。"

后来，一位家长对小刚的妈妈说："我最了解你了，平时你一定是大包大揽，什么都不让小刚干，还经常说他干不好，你看看他现在都没有自信心了，做什么事能磨蹭就磨蹭。这对孩子可不好啊。"

听了朋友的话，又想想小刚的表现，妈妈觉得有道理，马上表示回去以后一定改变自己的教育方法。

居里夫人曾经说过，"自信是迈向成功的第一步"，我们身为父母，都希望自己的孩子成功，所以当孩子因为自信心不足而磨蹭时，我们的第一要务就是帮他们树立自信，教他们勇敢地正视问题，而不是用消耗时间来逃避。

孩子心理焦虑，效率大打折扣

很多人都会不同程度地被心理焦虑所困扰，甚至严重影响工作和生活。而孩子同样也会受到心理焦虑的伤害，当他们心理焦虑的时候，外在表现就是学习效率低，磨磨蹭蹭，浪费时间。这是一个非常严重的问题，必须引起家长们的格外注意。

当一个孩子心中焦虑时，他便无法将自己的注意力集中在一件事情上。这时，他就会在思维或行动上开小差，把一件原本很快能完成的事情，磨至几倍长的时间，大大影响学习进度或办事效率。

不知道什么原因，张楠的爸爸妈妈最近总在吵架，这让小小年纪的张楠整天心理紧张，一点儿安全感也没有。慢慢地，他开始有些焦虑了，看见什么东西都心烦意乱，也不怎么跟同学玩了，而且写作业的效率明显降低。

以前，吃过晚饭，张楠差不多一个小时就完成了作业，可是现在常常要熬到晚上11点钟。因为他在写作业的时候总是心烦意乱，磨磨蹭蹭。妈妈对他这个状况很是担心。

一天，张楠在书房写作业，妈妈很想看看他到底为什么会每天

写到很晚，于是就偷偷留意着他。只见张楠摊开书本后，就静静地坐在那里发呆。好不容易开始写了，但没写几下，遇到难题时就会停下来，心烦意乱地拽自己的头发，而不是认真思考，想办法解决问题。

妈妈赶紧走进书房，询问张楠怎么了，为什么最近情绪如此不稳定。看着妈妈，张楠流着眼泪请求："妈妈，你跟爸爸能不能不离婚，我不想离开你们，我想我们一家人快快乐乐地生活。"听了张楠的话，妈妈的心里很不是滋味，她没想到自己气头上的话竟然对孩子造成了如此大的伤害。后来她和张楠爸爸平心静气地商量，为了孩子，也为了这个家的幸福，今后不要吵架了。张楠爸爸也非常爱孩子，觉得不能因为一些不必要的争吵伤害孩子，于是二人和好如初，一起帮张楠平复了心情，张楠也很快改掉了磨蹭的毛病。

作为父母，我们要尽量避免成为孩子心理焦虑的根源。当我们发现孩子因为焦虑而磨蹭时，就要努力帮助孩子克服。通常情况下，只要我们给孩子营造良好的家庭环境，并适当放宽对孩子的要求，孩子的心理焦虑就会慢慢缓解。

丰丰的爸爸对丰丰非常严格，在丰丰的教育上，他常常会引入军事化管理模式，这让丰丰觉得非常紧张。

生活上，爸爸给丰丰规定好了各种时间，比如刷牙3分钟，洗脸5分钟，吃饭半小时等。学习上，爸爸更是对丰丰严格要求，比如一张卷子要在半小时内做完，一本课外书必须3天看完等。而且爸爸的管理方式不是很灵活，有时候卷子的题量大，当时间快到时，还有几道题没有做，丰丰就开始紧张，结果脑袋里一片空白，反而什么都不会了，索性放下笔开始磨蹭起来。结果可想而知，丰丰又一次被爸爸罚站了。

在这种高压状态下，丰丰的情绪开始变得焦虑。只要遇到点儿问题他就想要放弃，尤其是做卷子时，干脆就一直磨蹭，心想大不了去罚站。

看到他这个样子，爸爸感到很失望，于是生气地说："以后我也不管你了，你就自己看着办吧。"没想到的是，没有了爸爸的高压约束，丰丰觉得心里轻松了很多，做事情、写作业时反而没那么焦虑，也没那么磨蹭了。

　　孩子磨蹭是问题的呈现，并不是问题本身，我们要学会正确面对。当孩子因为焦虑而磨蹭时，我们不能对孩子批评指责，因为这个不理智的做法不仅不能解决问题，反而很容易再次给孩子造成伤害。越是这个时候，我们越要表现出足够的耐心，让他们幼小的心灵逐渐恢复平静，在此基础上，才谈得上跟磨蹭说再见。

第二章

开门见山，告诉孩子时间是什么

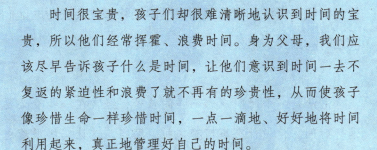

　　时间很宝贵，孩子们却很难清晰地认识到时间的宝贵，所以他们经常挥霍、浪费时间。身为父母，我们应该尽早告诉孩子什么是时间，让他们意识到时间一去不复返的紧迫性和浪费了就不再有的珍贵性，从而使孩子像珍惜生命一样珍惜时间，一点一滴地、好好地将时间利用起来，真正地管理好自己的时间。

时间是你生命的长度

时间看不见摸不着，对于我们成年人来说，对它有比较清晰的认识，明白人的生命是有限的，也大多懂得珍惜时间。可是对于孩子而言，由于缺乏切身的体验，时间就显得虚无缥缈，无法对其有一个准确的认识。如果我们想让孩子明白什么是时间，懂得如何去管理时间，那我们就必须用自己的经验和体会去帮助他们，让他们明白时间到底是什么。

浩浩是一个时间观念不强的孩子，经常在一些没必要的事情上消耗时间。他做什么事情都拖拉、磨蹭，这让妈妈很着急。她总是跟浩浩强调："你不要浪费时间好吗？"

"时间有的是，那么着急干什么？"

"一个人的时间是有限的，它衡量着你生命的长度。"

妈妈的话浩浩不懂：时间怎么就能和生命联系上呢？为了让浩浩真正地认识时间，妈妈决定带他去自己工作的医院看看，让他切身体会一下时间对于人的重要性。

妈妈工作的医院是一家肿瘤专科医院，来这里就诊的大部分是肿瘤患者。到了医院之后，浩浩有点儿惊呆了。因为这里就诊的病人什么年龄的都有，有老人，也有孩子，他们随时都面临着生命结束的危险。浩浩从来没有想过，每个人都会有生命结束的一天，所以他站在那里无所适从。

回家的路上妈妈对浩浩说："或许妈妈今天带你来这里，对你来说确实有点儿残忍了，可每个人都将面对时间的消耗殆尽，妈妈只是希望你能够明白，一个人是没有那么多时间可以浪费的，你浪费时间就相当于浪费自己的生命。"

浩浩若有所思地点点头。从那以后，在时间问题上浩浩懂事多了，很少再出现磨蹭的情况。

人一辈子都在和时间打交道。它对每个人都是公平的，因为每一个人都曾拥有它；它对每一个人又是不公平的，因为人的生命长短不同。不过，每个人的时间都是有限的，所以我们要教育孩子牢牢地掌握时间，利用好每一分、每一秒，争取创造人生最大的精彩。

一天，冬冬在家读《钢铁是怎样炼成的》，读到了"人的生命只有一次……"这一段内容时，他虽然理解得不是很透彻，但也非常感慨地说："妈妈，人的生命只有一次，那会是多久呢？"

"你这个问题可是把妈妈难住了。人们的生命很难预测，但每个人的生命是有限的，时间就是你生命的长度。"

"时间？时间不是一直在走吗？"

　　"对呀，所以我们的生命也一直在走，越来越少。"

　　"那实在是太可怕了。"

　　"你不要总想着结局，人来到这世界上是为了创造精彩的，很多人虽然生命很短暂，但是却流芳百世。例如 19 岁的董存瑞舍身炸碉堡，29 岁的江姐坚贞不屈，他们为了人民的解放事业献出了自己的生命。虽然他们年纪轻轻就离开了我们，但他们是伟大的，他们的功绩永远留在我们的心中。"妈妈稍稍停顿了一下又说，"我们虽然左右不了生命的长度，但是我们可以珍惜好每一分每一秒的时间，在有限的时间里做好自己，为建设我们的祖国贡献力量。"

"妈妈，我明白了，以后我再也不浪费时间了。我的生命可不能就这样毁在自己的手里。"

他的话虽然逗笑了妈妈，可妈妈知道，在时间的问题上，冬冬已经有所领悟了。

我们虽然是孩子的父母，但我们也不能决定孩子生命的长度，我们只能教育他们珍爱生命，珍惜时间，让他们真正地意识到，时间会越用越少，如果在一些不必要的事情上浪费时间，那就相当于浪费自己的生命，这是对自己的不负责，对生命的不尊重。我们无法决定生命的长度，但我们可以通过努力决定我们生命的质量。我们一定要教育好孩子，让他们珍惜时光，努力学习，将来做一个对社会有贡献的人，提升自己生命的质量。

时间是正在过去的每一分每一秒

光阴似箭，日月如梭，时间一分一秒地从我们的生命中飞速溜走，可谁真正地去感受过时间一分一秒地流逝呢？恐怕很多成年人都没有认真考虑过这个问题，孩子们就更没有感受了。但时间又是如此的重要，如果一个人没有养成良好的时间观念，那对于他的成长和发展是非常不利的。孩童时代是培养时间观念的最好时机，所以我们必须要让孩子明白：时间不会停留，不会等你，只会一分一秒地流逝。这种理念一旦在孩子的脑海中形成，那他们自然也就懂得如何去管理自己的时间了。

　　小岩做什么都喜欢磨蹭，经常在一些毫无意义的事情上浪费时间，这让妈妈非常发愁。妈妈总是告诉他，时间正一分一秒地溜走呢，但他却总是一副无所谓的样子。

　　一天，小岩在家写作业，不停地磨磨蹭蹭，妈妈再次教育他要珍惜时间。正在这时，妈妈接到了爷爷的电话，说奶奶患了急性阑尾炎去医院了。这可急坏了妈妈，赶紧带着小岩去了医院。

　　奶奶病情严重，需要手术，她被推进手术室以后，全家人都在门外等候着。小岩平时跟奶奶关系最好，他心里担心极了，一直看着墙上的钟表。只见秒针在不停地转动着，分针也不知道什么时候换了位置，可奶奶还是没有出来。

　　小岩一直盯着表，计算着时间，这么久以来，他还是第一次这么认真地去关注时间，这时他才发现妈妈说的话是对的。他说："妈妈，我现在明白了，时间真的是一分一秒地在过去呢。"

　　妈妈搂过小岩，拍了拍他的脑袋，什么话都没有说。

　　奶奶的手术很顺利。从医院回到家，小岩的脑海中总是闪现着那转动的指针，忘不了等待奶奶从手术室出来时的焦急心情。他告诉妈妈："妈妈，我今天真的体会到时间了，以后我听你的话，一定不浪费时间，把时间都用在有用的事情上。"

"这就对了。你要学会管理时间，当它的主人。"

"主人？"

"对呀，你可以把时间看成是小仆人，然后给它合理地分配任务，用多长时间写作业，用多长时间玩，这样时间就听话了。"

"真有意思，我要管理我的时间喽！"

孩子不理解时间，主要是我们没做好引导。时间看不见摸不着，很抽象，我们必须通过实实在在的东西让孩子慢慢学会感受时间，逐渐在他们心中建立时间意识。

妈妈告诉丝丝，周末打算去姥姥家。丝丝听了立马就不高兴了，嘟囔着小嘴说道："可不可以晚几天再去呀，姥姥家干什么都不方便，还有好多蚊子呢。"

"为什么要晚几天呢？平时咱们跟姥姥相处的时间不多，也就寒暑假有时间多住几天。如果再晚些去，那不是浪费时间吗？"

"就几天时间而已。"

"时间正一分一秒地流走，几天时间已经不少了。一年的时间也是这样一分一秒过去的。"

"时间流走得哪有那么快呀，妈妈就知道吓唬小孩儿。"

"你既然这样说，那我就让你看看时间过得快不快。"说着妈妈走到了柜子跟前，开始翻找东西。不一会儿，她就拿出了一个大大的相册，然后喊丝丝过来看。

"你认识这个小孩儿吗？"

"你说过的，这是我。"

"这是你刚出生的时候，现在你已经 7 岁了。7 年的时间你感觉漫长吗？"

"我没感觉啊，就好像自己一转眼就长这么大了。看来时间过得真的很快。"

"所以啊，时间是很珍贵的，不能白白去浪费。我们要把宝贵的时间放在有意义的事情上。姥姥是妈妈的妈妈，陪伴她就是有意义的事情。而你什么也不干，整天躺在家里就是在消耗时间，这是没意义的。"

"妈妈，我懂了。"说完，丝丝回到自己的房间，收拾自己带往姥姥家的东西去了。

正像这个故事所展现的，很多时候，时间意识一旦在孩子心里形成，他们做事情时就会自然而然地去衡量，去实践。时间是宝贵的，还是不可逆的，很多事情都是"过了这个村，再没这个店"，所以我们一定要重视孩子的时间，一定要尽早帮他们建立好时间观念。

时间浪费了就真的没了

古人云："一寸光阴一寸金，寸金难买寸光阴。"昂贵的黄金却买不回光阴，因为时间浪费了就真的没了，想要找回来根本不可能。这个道理我们自然都懂，可对孩子来说却是模糊的，他们对时间没有什么感觉。我们要想让孩子懂得时间的珍贵，就必须明确地告诉他们光阴一去不复返，时间失去了就真的没有了。

暑假时，聪聪爸爸带着全家人到海边游玩。来到海边的聪聪兴奋极了，在海滩上又蹦又跳，玩得满头大汗。回到宾馆后，没一会儿工夫，他就困得不行了，马上就要睡觉。临睡前，他反复嘱咐：

"爸爸妈妈，明天早上看日出你们一定要叫我啊，我还没看过海上日出呢。"

"既然这样，那我们约定，叫你时你就快点儿起床，否则就看不到了，因为明天晚上咱们就得返程回家。"爸爸对凡事磨蹭的聪聪说道。

"知道了。"

第二天早上，爸爸妈妈早早就起了床，然后喊聪聪起来，睡梦中的聪聪哪舍得自己的被窝，就是不肯起来。爸爸只好说："你再不起来，可赶不上看太阳了。"

聪聪这才慢吞吞地起床，然后开始穿衣服。他一边穿一边迷糊，起床气非常大，一脸的不高兴。妈妈正打算上前帮忙，爸爸叫住了她："让他自己来吧，这孩子总喜欢磨蹭，是时候让他长点儿记性了。"

"可是，他再磨蹭下去，日出真的看不到了。"

"日出可以改天再看，如果孩子磨蹭的习惯改不了，那才是对他最大的伤害。"

之后，爸爸妈妈便不再催促聪聪了，耐心等着他穿衣服。聪聪不停地磨蹭，从起床到出门竟然过去了40分钟。到了海边以后，海滩上已经很多人了，太阳也已经高出海平面一大截了。爸爸告诉聪聪："今天来晚了，太阳已经升起来了，只能等下次再看了。"

听到这话，聪聪瞬间大哭起来。爸爸赶紧说道："没有什么事情会等你的，时间浪费了就没有了，你得为自己的磨蹭买单。"

从那以后，聪聪长了教训，干什么事情都要进行时间规划，再也不敢磨蹭了。

有时候，教育孩子就应该开门见山地告诉他们，或者让他们亲身去经历一次。有了认识和经历之后，他们才会明白，爸爸妈妈说的时间过了就没了不是一句空话。然而，我们当中有很多人，整天教育孩子珍惜时间，自己却一再地努力帮孩子"争取"时间，使得孩子永远也体会不到时间浪费掉就没有了的感觉。这对孩子来说，教育效果肯定好不到哪儿去，因为孩子无法从中体会到浪费时间带给自己的后果。

临近春节，妈妈带伟伟去商场买衣服。母子俩不知不觉地逛了一下午，买完该买的东西后，已经是下午7点钟了。妈妈看看时间，赶紧拉起伟伟的手，说："儿子，咱们得快点儿走，马上就赶不上回家的那趟公交车了。"

伟伟的手却不停地往后撤，他想再多玩一会儿，再多逛一会儿。妈妈说："你再磨蹭可真的赶不上车了。"

"没关系的，就再玩一会儿。"

"时间真的来不及了，错过了末班车可就真的没有车了。"

即便如此，伟伟还在磨蹭，最后还是妈妈使劲把他拉离了商场，然后看着末班车绝尘而去。这时，妈妈问："现在怎么办，咱们怎么回家呢？"

"我也不知道。要不打车吧。"

其实妈妈本来是想给伟伟个教训，让他感受一下磨蹭造成的后果，但是看着昏暗的路灯，迎着呼呼的北风，她又怕把孩子冻着，再说走回家需要将近一个小时，再把孩子累坏了，就太不划算了。于是妈妈心一软，打消了教训伟伟的念头，招手打了一辆车，用了不到 10 分钟就回家了。

至于教育伟伟珍惜时间，至少这次已经不可能了。伟伟回家后怡然自得地看着电视，丝毫没有感受到今天的磨蹭造成了什么样的影响。

当孩子不知道时间是什么时，我们可以切切实实地让他们去体会，一旦他们尝到了浪费时间的苦头，自然也就吃一堑长一智，明白了浪费时间的不对。当孩子经过一段时间的教育和实践之后，他们就会管理自己的时间了。作为父母，我们要给孩子创造机会去感受时间的珍贵，不要因为怕孩子吃苦而剥夺他们感受浪费时间害处的机会，那样不但不是为他们好，反而是害他们。

珍惜时间，生命才会有收获

"时间是最公平合理的，它从不多给谁一分钟。勤劳者能让时间留下串串果实，懒惰者的时间留给他们一头白发，两手空空。"这是高尔基的至理名言。他想告诉人们，只有珍惜时间，生命才会有所收获，有所成就。我们要努力去做有意义的事情，这样才不至于虚度光阴。如果让时间平白流逝，那就相当于消耗自己的生命。

娇娇和丽丽是同班同学。周末，两个人的妈妈约定好，等她们写完作业就带她们到公园里玩。早上一起床，娇娇和丽丽就开始写作业。这周老师布置的作业是一篇作文。娇娇做事情很专心，没一会儿工夫就写完了。丽丽却总是三心二意，一会儿写写，一会儿看看，浪费了很多时间也没有写好，虽然妈妈反复督促，可她就是管不住自己。

娇娇见丽丽没有按约定时间来找她，就开始忙别的事情。等丽丽写完作文，已经将近中午了，这个时候，娇娇已经画了一幅画，做了两套卷子，还看了一会儿书。见面后，听了娇娇做的事情，再看看自己只写了一篇作文，同样的时间，收获却相差甚远，丽丽很不高兴。

妈妈不失时机地说："时间是生命的单位，会利用的人往往会在相同的时间内做更多的事情。在有限的时间里你做的有意义的事情越多，你的生命就越有意义。反之，时间就会把你像一粒尘灰一样抛弃在风中。"听了妈妈的话，丽丽很受触动，她说："妈妈，我以后也要好好地珍惜时间，争取做一个对社会有益的人，让自己的生命更有意义。"

在教育孩子时，如果跟他们谈生命的收获，孩子可能会很茫然，毕竟他们还小，对于生命没有太多的思考。所以，我们要跟孩子强调时间的重要性，要通过生活中具体的事情让他们懂得珍惜时间，把每一天的时间都掌握好，才能过得充实而有意义。

过去，小光是一个对时间完全没概念的孩子，妈妈总觉得他还小，也没有好好地教他，所以小光养成了做事情拖拉、不遵守时间等各种坏习惯。上了小学以后，小光学习了时、分、秒，这时才开始真正认真对待时间。

一天，他问妈妈："老师总说时间是宝贵的，为什么这样说呢？"

妈妈开门见山地告诉他："时间用它的脚步丈量着我们的生命，什么时候我们没有时间了，生命也就结束了。而每个人的时间是有限的，非常宝贵。"

"那我们该怎样留住时间呢？"

"时间是留不住的，只能去珍惜。如果我们能利用好时间，就可以做很多很多事情。如果我们不会利用时间，就只能让时间白白浪费掉。同样是人，有的人为社会做出了巨大的贡献，直到生命的最后一刻，还在奉献社会；有的人不珍惜时间，终日好吃懒做，浑浑噩噩过完一生。你觉得哪种人生更有意义呢？"

"当然是对社会有贡献了。"

"我们要过得有意义，就必须要掌握好每一点时间，否则都是空谈。"

"那我现在还小，怎么去奉献社会呢？"

"你现在只要管理好自己的时间，把每一分每一秒都利用好，好好学习，就是对时间最好的珍惜。"

听了妈妈的话，小光给自己列了时间表，每天按照计划去做。见小光这么懂事，而且是个行动派，妈妈感到很欣慰。

人生一世，草木一秋，人一生的时间是有限的，如果没有抓紧时间，没有珍惜时间，人生不免留下许多遗憾。等到真正明白时，再想去珍惜时间，往往为时晚矣。孩子们的人生才刚刚开始，美好的人生画卷才刚刚打开，我们一定要让孩子尽早明白什么是时间，明白时间的重要意义是什么，以免将来因虚度年华而悔恨，因碌碌无为而羞愧。

时间就像海绵里的水，挤挤还会有

伟大的文学家、思想家、革命家鲁迅先生曾经说过："时间就像海绵里的水，只要你挤，总是有的。"勤奋者善于利用时间，善于去挤，然后再用挤出来的时间做有意义的事，为社会和祖国做贡献，久而久之，就会取得比别人更大的成就。

在日常生活中，我们有很多时间是零碎的，例如吃完早饭准备上学的间隙、午睡醒来之后、吃过晚饭之后等，这些时间都是可以利用起来的。我们要通过实际行动让孩子明白，很多时候，做一件事情不是必须要用一整天或一大段时间，把碎片化时间利用好，同样可以达到我们想要的效果。

敏敏是班里的作文小能手，几乎每篇作文都能得到老师的好评。这让其他同学很是羡慕，常常会向敏敏讨教写作文的好方法。

小宇跟敏敏是同班同学，他的作文水平很差，几乎每篇作文都是流水账，没有一点儿新意和亮点，语句就更谈不上优美了。他很羡慕敏敏的作文水平。一次课间，他来找敏敏请教："老师总是夸奖你的作文写得好，我真的好佩服你的写作水平。你能教教我怎么可以把作文写那么好的吗？"

面对同学的询问，敏敏诚恳地说："也没有什么特别的方法，就是平时多读书，积累好词好句，并且把它们记下来，写作文的时候自然就文思泉涌了。"

小宇挠挠头，笑着说道："我也知道读书很好，可是咱们每天的作业你也知道，我根本就没有时间读书，每天写完作业都已经很晚了。"

"我也没有太多的时间看书，不过我喜欢看书，只要有空闲时间我就会看一会儿。"

"那你都什么时候看书呢？"

"早上临上学时会看，放学回家也会看，公交车上也会看。我妈妈告诉我，时间就像海绵里的水，挤一挤总会有的，所以我看书的时间都是挤的。"

"啊，原来是这样啊！看来我的很多时间都浪费掉了，谢谢你啊！"

回到家之后，小宇自己做了个计划表，把自己很多的零碎时间都标记出来，并且在这些时间里给自己安排了阅读任务。在后来的日子里，小宇利用这些时间看了很多书，作文水平有了显著提高。

时间对每个人都是公平的，人与人的成绩之所以会有不同，是因为人们对时间的利用不同。能够驾驭时间的人，总是把零碎的时间归整到一起，完成一件了不起的事情；不懂得利用时间的人，总是把一大块儿时间划分得四分五裂，最后全部浪费。前者成就了人生，后者空耗了生命。我们身为父母，自然希望孩子能够成为前者，当务之急就是告诉孩子学会挤时间。

小美家的经济条件不是很好，为了给小美好的生活，爸爸妈妈每天都辛勤工作，努力挣钱。

一天，一位阿姨来小美家串门，说她认识的一个人正在找钟点工打扫卫生，每天需要两小时，问小美妈妈有没有兴趣做个兼职。小美妈妈一听时间灵活，工资也可以，于是马上就答应了。可是小美心想，妈妈哪有时间去做钟点工啊？妈妈的工作朝九晚五，每天下班回家就开始收拾屋子，给一家人做饭。晚饭后还要辅导小美作业，整天忙得跟陀螺一样，根本就没有时间再干别的。

那位阿姨走后，小美便问妈妈："你怎么就答应人家了？你有时间去做吗？"

"怎么没有？对方要求的时间跟我的工作时间没冲突，每天只要两小时就行，我下班后刚好无缝衔接。"

"那咱们家你不管了啊？"小美很不解地说道。

"时间就像海绵里的水，挤一挤总会有的。我早上早起一会儿把家里的卫生打扫好，这样就可以腾出时间了呀。下班后，我直接去做兼职，回来再做饭，什么都不耽误的。这样每个月还能多挣好几千块钱呢。"

听妈妈这样说，小美竟然有些鼻子酸酸的。妈妈加倍珍惜时间，舍不得浪费一分一秒。自己在学习上却不怎么用心，经常写一点儿作业浪费半天时间。她暗暗告诉自己，一定要好好珍惜时间去学习，提高学习成绩，不让妈妈再操心。

父母是孩子的老师，当我们直截了当地告诉他们时间宝贵，他们还不了解时，我们就要去做给他们看。如果我们自己能做到珍惜时间，孩子耳濡目染，自然也就懂得珍惜自己的时间，好好去利用了。

时间就像手中的沙，要握紧每一秒

生活中，经常有人感慨"时间都去哪儿了""时间总是不够用""一天里并没有什么事情，但却总是做不完似的"。事实上，认真回想我们的一天，你就会发现，我们把大部分时间都给了手机，给了网络，给了闲谈，甚至对着空气发呆，很多该做的事情要么没有做，要么没做好。这就是时间的浪费。

小孩子还不懂这些，甚至不知道时间该怎样理解，只要是不愿做的事情他们就会磨蹭，不管对不对，时间允许不允许。这是不好的习惯，我们要帮助孩子及早改正，要正告他们，时间就像手中的沙，如果你不握紧，它就会顺着指缝全部流走，最后一粒不剩；如果我们紧紧地把握时间，它们就会留在我们的手心里，被好好利用起来。

　　小芬已经是小学三年级的学生了，能帮妈妈做一些简单的家务了。于是，周末妈妈给她安排了几项任务：洗碗、择菜、打扫卫生。完成之后，她就可以找好朋友玩了。

　　吃过午饭之后，妈妈休息了一会儿就去加班了。这时，小芬也开始去完成任务。她先去洗碗，当她把洗涤灵挤到洗碗池里后，顿时冒起了好多泡沫。于是小芬又挤了一点儿，泡沫比原来更多了。这让她想到了幼儿园时玩的"泡沫大战"，于是她一个人在厨房里玩了起来。她一会儿挤个小兔子，一会儿又挤个小狗，玩得不亦乐乎。过了好长时间，她才想起来，自己是在洗碗呢！于是就开始洗起碗来，过程中又不免磨蹭，等洗完碗已经快下午了。于是她赶紧去择菜。妈妈准备的菜是豆角，小芬把豆角的筋抽下来以后，豆角筋马上自然卷曲成各种形状，好玩极了，于是小芬又开始玩。就这样，整个下午，小芬干一会儿，玩一会儿，等妈妈下班回来时，她的地才擦了一半儿，抹布还泡在盆子里，豆角筋也没有收拾好，家里甚至比妈妈走之前还乱。妈妈惊讶地问："你一下午都干什么了？"

　　"妈妈，我一直在忙呢。"

　　"可洗碗、择菜、打扫卫生差不多一小时就能完成啊，你一下午才干了一半儿！"

　　小芬什么也没说，她自己也想不明白，为什么时间过得这么快，自己什么也没有做好。妈妈稍稍平复了一下心情说道："宝贝，你把一下午时间都浪费了。"

　　"可是妈妈，怎么才能不浪费了呢？"

　　"时间就像手里的沙子，你不握紧，它自己就白白流走了。你得学会利用时间，珍惜每一分每一秒。"

　　小芬若有所思地点点头。

　　爱玩、遇到新鲜的事物容易转移注意力等，这些都是孩子的天性，他们不懂得珍惜时间，对抽象的时间也很难理解。所以我们可以让他们把时间想象成手中的沙，这样时间在他们脑海中的画面感会更强，有助于他们理解时间一刻不停、转瞬即逝的特点。

　　燕燕的妈妈是一个非常有生活智慧的人。她经常会利用一件小事讲出很大的道理来，在教育孩子的问题上也是如此。

　　燕燕是个很听话的孩子，可在时间问题上是个小糊涂蛋，经常管不好自己的时间，玩着就忘记了吃饭，学着就做起了其他的事情，所以经常会出现各种状况，例如写作业太磨蹭、第二天交不了作业，玩得时间太长、耽误了上学等。对此，妈妈总想找个合适的机会跟她谈谈。

　　一天下午，妈妈带燕燕到海边玩耍。午后的沙滩干燥而细腻，燕燕开心地捧起一捧沙，然后让沙子顺着指缝流下去，高声地说道："妈妈，你看这像什么？像不像瀑布呢？"

　　"的确有点儿像瀑布，不过妈妈觉得它更像时间。"

　　"时间？"

　　"没错，就是时间。你看啊，如果你不握紧它，是不是它就从指缝溜走了？但是你紧紧地握住它，是不是就留下来一些呢？"

　　"是的。"

　　"时间就是这样，如果你不懂得把握它，就全部都浪费了。现在是你学习、成长的关键时期，你要学会管理自己的时间，让自己变得更好，而不是浪费掉大部分时间，然后被剩余的一点儿时间所左右，那样你就无法变成自己想要的样子。"

听了妈妈的话，燕燕很认真地说："妈妈，我懂了。"

作为父母，我们必须要告诉孩子：时间是个好东西，我们把时间用在读书上，我们的知识就会更渊博；我们把时间用在思考上，我们就会更有思想；我们把时间用在家庭中，我们的生活就更幸福。但是，如果我们把时间浪费掉，就什么都不会得到，甚至会因为生命一无所获而懊悔终生。不管你愿意还是不愿意，时间都像手中的沙，不停地掉下，如果你不想有遗憾，那就尽可能地把握它吧！

第三章

言传身教，培养孩子的好习惯

父母是孩子的一面镜子，是孩子学习的榜样。父母消极怠工、浪费时间，孩子很难无师自通地珍惜时间。相反，父母珍惜时间，舍不得丝毫浪费，孩子也会自然而然地视时间如珍宝。因此，我们要尽可能地言传身教，以身作则，在日常生活中培养孩子珍惜时间的好习惯，凡事主次分明，统筹得当，减少时间浪费。

告诉孩子1分钟可以干什么

1分钟，60秒，可能眨几次眼，发一会儿呆就过去了，所以很多人并不在乎这区区的1分钟，认为1分钟什么都来不及干，然而这只是不懂得珍惜时间之人的想法。事实上，1分钟在很多时候是至关重要的：1分钟奥运健儿可能会刷新世界纪录；1分钟飞机能在天空飞出十几公里；1分钟医生就能将病人从生死线上拉回；1分钟一台收割机可收割将近一亩地的小麦……

对于孩子来说，一分钟可以做20道口算题，也可以做20个仰卧起坐，还可以读一篇课文……一分钟可以做的事情太多了。如果每天能用1分钟时间去做一件小的，但有意义的事，积少成多，就可以成就一件大事。所以，我们要告诉孩子，1分钟可以干很多事情，1分钟也不能随意浪费。

琳琳已经三年级了，可是对于时间还是没有清晰的概念，经常稀里糊涂地浪费很多时间。虽然妈妈告诉她要珍惜时间，可她就是不当回事儿。

一天，妈妈让琳琳去写作业，琳琳说要先看会儿动画片再写，于是妈妈给她规定，只能看 20 分钟，多 1 分钟都不可以。琳琳很高兴地答应了。20 分钟很快过去了，于是妈妈让她关掉电视，可琳琳就好像没听见一样，继续看着。妈妈说："时间已经到了，你得说话算话，行吗？"

"我再看 5 分钟。"

"既然你已经答应了只看 20 分钟，那就应该履行诺言。再说 5 分钟可以干很多事情呢。"

"5 分钟什么都干不了。"

"1 分钟就可以干很多事情，更别说 5 分钟了。"妈妈对琳琳说，"从今天开始，咱们每天就用 1 分钟时间来练字，你能写几个算几个，每天坚持练，行吗？"

琳琳想：不就是 1 分钟吗，于是很痛快地答应了。之后，琳琳每晚睡前都要练 1 分钟字。后来，不断有人夸琳琳写字好看，她自己感觉也有了很大的变化。于是拿出自己之前的字和现在的字进行对比，确实进步了不少。琳琳这才发现，原来不知不觉中，她已经练习了一整本的字帖。

妈妈对她说："这下看到 1 分钟能干什么了吧？积少成多，量变促成了质变，你还敢小瞧 1 分钟吗？"

"妈妈我不会了，以后我一定珍惜时间，不浪费每 1 分钟。"

1 分钟可以说很短，也可以说很长。很多时候，坚持 1 分钟也是一件不容易的事情。尤其是孩子，他们的自我控制能力不高，我们要想培养他们的韧劲，不妨先让他们明白 1 分钟的坚持会怎样，慢慢让他们懂得抓紧时间的重要性。

　　小阳的爸爸是一个运动爱好者，平日里喜欢打篮球，经常会去参加业余篮球比赛。然而小阳的性格和爸爸的阳光积极正好相反，他做什么事情都一副懒洋洋的样子，磨磨蹭蹭，白白浪费了很多时间。爸爸觉得，这样下去，对他未来的成长很不利，就带着小阳去看自己的比赛，让他感受赛场上争分夺秒的感觉，从而认识到时间的重要性。

这场比赛，爸爸的球队和对方实力相当。上半场双方打成了平手。下半场的情况也非常激烈，小阳看得非常激动。比赛临近尾声时，对方球队以 41：33 的优势领先。对方的球迷振臂高呼，似乎马上就要庆祝胜利了。这时，爸爸的球队紧急商量对策，比赛还有 1 分钟的时间，队员们纷纷拿出了最后的精气神儿，接连进球，先是追平了比分，最后爸爸又在临近比赛结束时的几秒钟投进了绝杀球，反超对方，获得了胜利。

这让在场的观众都惊呆了，短短 1 分钟时间竟然发生了超级大反转。小阳也看得惊心动魄，惊讶的同时，为爸爸的胜利而开心。

回家的路上，爸爸说："小阳，你今天看爸爸打球有什么收获吗？"

"篮球实在太激动人心了，你们都打得很好。"

"还有吗？"

"最后的反转很漂亮。"

"你有没有意识到时间的重要性呢？我们的胜利就是在最后 1 分钟获得的。你现在明白了吧，1 分钟能做很多事情，1 分钟也能创造奇迹。"

"是的，爸爸，1 分钟真的很重要。"

有时候，口头上的教育很难在孩子身上产生效果，这时我们不仅要言传，还要身教，让他们在潜移默化中受到影响，进而改变自己。相信只要我们做好了榜样，时时刻刻珍惜时间，孩子也能逐渐培养起珍惜时间的好习惯。

培养孩子一鼓作气的习惯

《曹刿论战》中说："夫战，勇气也。一鼓作气，再而衰，三而竭。彼竭我盈，故克之。"这段话的意思是说，第一次击鼓士气会大大增加，第二次击鼓士气就会减弱，第三次击鼓士气就衰竭了。它告诉我们做事情要一气呵成，并且还要有信心、有毅力，如果总是断断续续，就难免草草结尾，事与愿违。

对孩子来说，如果没有养成一鼓作气的习惯，做事情就会拖拖拉拉，磨磨蹭蹭，无形中会浪费掉很多宝贵的时间，对孩子的成长会造成很大的负面影响。

小静和叮当是同班同学，也是住在一栋楼里的好朋友。两人平日里一起上下学，学习成绩也不相上下。

一个周末，叮当妈妈有事需要外出，把叮当暂时放在小静家。小静妈妈提议，两个人各做一张卷子，然后再安安心心地玩。小静和叮当都表示同意。于是，她俩一人一个房间，同一时间开始做卷子。叮当一鼓作气，半小时就交了卷子。可另一个房间里的小静却状况百出。她刚兴致勃勃地做了十多分钟，就感觉肚子不舒服，于是向妈妈喊停，自己要去上厕所。从厕所回来之后，小静的精气神就有点儿减弱了，于是做题的速度也渐渐慢了下来。过了十多分钟，她又感觉自己的笔不好用，于是又起来挑选了一支好用的笔，继续开始做。可没一会儿工夫，她又不想做了，后来干脆做做停停，磨蹭了好长时间。好在想到隔壁屋叮当还在等着自己玩耍，这才坚持做完了所有的题。相比之下，她用的时间比叮当足足多了一小时。

小静和叮当去玩了，妈妈开始给她俩检查卷子。叮当的卷子又快又好，无可挑剔。小静的卷子就有些不尽如人意了，前面的题全做对了，中间部分有几个得数因为着急写错了，最后的应用题几乎每一道都有点儿问题。妈妈叫来小静问道："这些题目，你平时做过的，也没有什么问题，为什么今天会做成这个样子，你知道吗？"

"可能是我太着急想玩了，没有用心。"

"今天你跟叮当最大的差距就是叮当一鼓作气做完了卷子，而你没有，暂停两次之后，你做题的积极性被破坏了，所以就出现了三心二意、磨磨蹭蹭的情况。"

妈妈继续说："做事情要一鼓作气。事情刚开始的时候，是精神状态最好的时候，这时效率也更高，如果把一件事情几次三番地暂停，不仅时间浪费了，积极性也消耗了。"

"妈妈，我以后一定会注意这个问题的。"小静不好意思地说道。

一鼓作气不仅可以提高学习效率，还能帮孩子节省很多宝贵的时间，从而去做更多有意义的事情，进一步避免了时间上的浪费。

所以我们必须培养孩子做事情一鼓作气的好习惯，帮他们杜绝拖拉、磨蹭。这对他们的成长大有裨益。

　　小亮坐在书桌前，正努力构思一篇作文。很长时间过去了，小亮的思绪还是很混乱。看到他这个样子，爸爸赶紧走上前去询问，小亮就把自己的想法简单地跟爸爸说了一下。爸爸觉得他的构思还不错，在某些地方细化一下就好了，于是给他指点了几下。这时，小亮茅塞顿开，立马有了信心。

　　写了一会儿之后，小亮把笔放下，准备起身，爸爸见到后赶紧叫住了他："你要干什么去呀？"

　　"我准备歇一会儿再写。"

"写作文一鼓作气才更顺畅，如果你半截儿站起来，刚才理好的思路就全断了，接下来肯定就写不好了。"

　　"可是我之前总这样啊。"

　　"所以你的作文总是虎头蛇尾，这就是原因。"

　　为了陪着小亮写作业，并给他加油打气，爸爸干脆拿着笔记本电脑来到小亮身边坐下，他正在完成自己的一项工作。看着爸爸一丝不苟、专心致志的样子，小亮的内心也更加坚定了，心想：我得抓紧时间，一口气写好这篇作文，给爸爸看看！

　　在日常生活中，当我们的孩子做一件事情想要中途休息时，往往也是磨蹭的开始，所以我们必须在这个时候给予他们鼓励和引导，让孩子的热情不减，这样他们的学习才更高效，时间也不会浪费。孩子一旦培养起做事情一鼓作气的好习惯，就能进一步管理好自己的时间了。

告诉孩子做事赶早不赶晚

　　生活中，注重时间观念的人往往更受大家欢迎。通常情况下，大家都不喜欢经常迟到的人，因为迟到的人表面上看起来是耽误了自己的时间，可实际上也同样消耗了别人的时间。另外大家都喜欢能够按时完成任务的人，这是个人效率的体现，同时也是工作态度的一种表现。

对于孩子来说，拥有时间观念同样很重要。而培养孩子的时间观念，我们首先要做的就是告诉孩子做事赶早不赶晚，在条件允许的情况下，争取主动，把时间提前，而不是磨磨蹭蹭，一拖再拖。

晨晨是一个缺乏时间观念的孩子，所以他很容易迟到。看电影时，他总会卡着时间出门，到了电影院还要买爆米花，因此总是错过电影片头；上学时，他先是磨蹭着不愿吃早饭，出门时不是忘带本子就是忘书，各种拖拉，以至于每次进校门都不得不以百米冲刺的速度；出门玩时，他磨蹭着准备各种东西，总是最后一个到，经常惹得其他小朋友抱怨。爸爸觉得这个拖拉的习惯实在不好，如果晨晨一直这样下去，长大后与人相处也会出问题，于是他决定帮晨晨改掉这个坏习惯。

一次，爸爸计划带全家人一起去玩。本来是8点的飞机，爸爸故意跟晨晨说早了一小时，于是晨晨以为是7点。第二天早上，爸爸叫晨晨起床之后，他就开始刷牙洗脸，当然也免不了各种磨蹭，当他看到时间已经不早了，自己也有点儿着急了，于是匆忙吃饭，催着爸爸妈妈出门。来到机场时，马上就要7点了。晨晨气喘吁吁地问道："我们是不是误了飞机？"

"误就误了呗，反正你磨磨蹭蹭，也不想出去玩。"

"我怎么不想啊！"

见晨晨快要哭了，爸爸说道："好了，不逗你了，飞机是8点的。现在我们可以在候机室歇一歇了。"

"那你为什么要告诉我是7点呢？"

"我告诉你7点，可你赶上7点的飞机了吗？所以我把时间说早一些，咱们就可以赶早不赶晚，可以不用匆忙过安检登机了。"

在候机室稍作休息后，他们就不慌不忙地开始登机了，完全没有往常的慌张感。爸爸问晨晨："还是来早一些好吧？"

"嗯，我明白了爸爸，以后做事情我都会赶早的。"

一个没有时间观念的人，不仅会浪费自己的时间，而且无论是学习还是工作，都很难做到高质高效。因为晚到或者是太晚才开始做一件事情，人往往很难进入状态，准备工作也会不充分，这势必会影响自己水平的发挥。

小雨今天期中考试，因为学校离家很近，只要两站路就到了，所以小雨一点儿也不着急出门。尽管妈妈一再催促，可她还是磨蹭时间。

坐上公交车以后，小雨不慌不忙地看着外面，很快她发现车子不动了，路上的其他车子也不动了，过了好长时间才挪动一下，这下她有点儿着急了，赶紧向司机叔叔打听。这一问才知道，前面发生了交通事故，造成了车辆拥堵，公交车寸步难行。

"这可怎么办呀，考试的时间马上就要到了。"她这样想着，心急如焚。

好在交通很快疏通了，可这段时间她没有预估在内，所以马上就要迟到了。下了公交车以后，她一路狂奔，一口气跑到了自己的考场，好在还没开考，她赶紧进了教室。坐在课桌前，她的心里还是非常慌张，久久不能平复。在这种状态下，她的大脑一片空白，很多题都不知道如何去解。后来终于平复了心情，可交卷时间也快到了。可想而知，这次考试她考砸了。

有了这次的教训，她再也不敢像从前那样慢吞吞地磨蹭了，做什么事情都早早计划好，并打出时间提前量，以便应对任何突发状况。

如前所述，喜欢迟到、做事拖拉的人，很难获得别人的青睐，因为很多时候他们浪费的不仅仅是自己的时间，整个团队都会被他们的散漫所拖累。相信绝大多数家长都不希望自己的孩子长大后成为这样一个人。因此要从小教育孩子不磨蹭、不拖拉，让珍惜时间的观念深入孩子的内心，这样他们才有可能管理好自己的时间与精力，成为一个受大家欢迎、对社会有用的人。

做事一定要分清主次

做事情一定要分清主次，这不仅仅是一种工作方法，同时还是一种生活哲理。一个人能在生活中分清主次，就能够将学习和生活打理得井井有条，这样的人不仅工作效率高，也往往更受人们的欢迎与信赖。

孩子们的人生才刚刚开始，如果我们指引得当，他们的未来会有无数种可能。所以要尽早告诉孩子做事要分清主次，抓主要矛盾，这会帮他们节省很多时间，少走很多弯路，提升他们做事的效率。

蕾蕾是一个经常让人哭笑不得的孩子，妈妈总说她脑子不知道拐弯。因为她做事情从来不知道轻重缓急，不懂得分析、统筹，只知道按自己的想法来，结果很多时候状况百出。

　　一天，老师给同学们布置了两项作业：一项是当天学的内容，需要第二天交给老师；另一项是老师补充的内容，知识点很多，老师让同学们认真去做，并且说这项作业可以两天以后再交。

　　蕾蕾回到家之后，觉得老师布置的第二项作业用时长，题量大，是块"硬骨头"，自己应该迎难而上，先把这块"硬骨头"啃下来。所以蕾蕾选择先做了第二项作业。可这项作业真的太多了，写了好久也没有写完，时间已经很晚了，蕾蕾还在坚持。这时妈妈才提醒她说："蕾蕾，老师给你布置的第一项作业写完了吗？"

"还没有呢。"

"那你为什么不赶紧做呀，这个是明天要交的，你现在做的作业明天又不交，你完全可以留一部分明天做。"

"对哦，我把这点儿忘了。"说完，她就开始做第一项作业，可是时间太晚了，她困得直打盹，根本没有精神再写作业了，于是胡乱凑合地写了一通，准备第二天交给老师。

第二天上学前，针对蕾蕾出现的问题，妈妈语重心长地告诉蕾蕾："孩子，做任何事情之前，你都要好好地想一想，哪一件事情比较重要，哪一件事情又比较着急，权衡之后，你再决定到底该先做哪一件。明白了轻重缓急之后，你的效率就会高很多。"

蕾蕾点点头，说道："妈妈，我以后会注意这个问题的。"

孩子们的时间观念不强，生活经验不足，在遇到事情时判断和分析能力还不够，所以往往会分不清主次，尤其是到了紧要关头，往往更加慌乱，不知所措。作为父母，我们在平时就要有意识地锻炼孩子分辨主次的能力，告诉他们遇到问题应该如何选择；同时我们也要给孩子起到示范作用，用具体事情告诉孩子在遇到事情时如何做出正确的选择。

下午放学后，西西妈妈刚接上她准备回家，突然接到了物业的电话。电话那头说有业主反映，西西家跑水了。妈妈这才想到，中午停水，可能是水龙头拧开忘记关了。

回到家以后，西西抢先进了屋，然后跑进自己的房间，查看什么东西被水浸泡了。而妈妈则直接奔向水龙头，关掉了水。然后妈妈又找来小桶和簸箕，开始盛水。这时，西西拿着已经浸透了水的化妆品给妈妈看，嘴里说着："妈妈，你新买的化妆品套盒怎么放在地上了，已经完全被水泡湿了。"妈妈看也没顾上看，只是回答说知道了。可西西看见妈妈没有太在意，于是又凑到妈妈面前说道："妈妈，你看呀，你快看看！"这一次，妈妈没有再理会她，只是忙着盛水，也让西西帮忙倒水。

等家里一切都收拾好了以后，妈妈对西西说："你觉得家里跑水的当务之急是什么呢？"

"应该先关掉水龙头。"西西不好意思地说。

"那盛水和查看化妆品哪一个更重要呢？"

"盛水。"

"那你呢？为什么没有拣最重要的去做呢？"

"我当时一慌张就忘了。"

"宝贝，你要记住，越是慌张的时候，越要分清主次，然后才能决定先做什么，后做什么。"

"妈妈，我知道了，我以后要向你学习，遇到事情不慌张，学着去看轻重缓急。"

做事分清主次是头脑清醒、沉着冷静的表现。平日里做事情时，我们要试着让孩子去分析、去观察，然后有意识地锻炼、提高他们的分析和辨别能力，让他们懂得不做无谓的时间消耗，每一次都先做最重要、最紧急、最关键的事，慢慢地，他们就能懂得先主再次、先急再缓了。

做好计划，时间利用更高效

"凡事预则立，不预则废"，这句古语强调了计划与准备的重要性。生活中，有些人做事情喜欢提前计划，然后再按照计划执行。由于目的明确，又有预案，事情通常都能有条不紊地进行，不仅避免了盲目导致的浪费时间，学习和工作也会更加高效。

孩子正处在学习和成长的重要阶段，时间对我们来说非常宝贵，我们要教会孩子做学习计划，这样可以使他们的学习目标更加清晰，努力得更有方向。

五一假期，老师布置了很多家庭作业。放假第一天，小华一起床就开始做作业。她一会儿做几道数学题，一会儿又做几道语文题，一会儿又去看课外书。就在这样凌乱的学习过程中，大半天时间过去了，妈妈来验收学习成果，效果显然不太理想。妈妈说："咦，你怎么才做这么一点儿啊？你不是一上午都在做吗？"

"我也不知道啊，反正我一直没闲着。"

"按照你这个速度，假期过了你也写不完作业，而且你自己还搞得特别累，肯定还是方法上有问题。"

妈妈想了一会儿问道："你对这些作业有计划吗？打算一天写多少？"

"我想着一直写就行了，没什么计划。"

"那可不行，做事情没有计划很容易目标不明确，自己做的事情不清晰，也容易拖拉，造成时间浪费。"

"可是我不会做计划呀。"

"来，妈妈帮你。你先把自己需要干的事情都罗列出来，然后给每项任务都分配好时间。在分配时间时，我们最好要考虑清楚，到底需要多久，这样既可以完成任务，又不会浪费时间，节省出来的时间你就可以自由活动，这样不是很好吗？"

很快，小华按妈妈的指点做了一个时间表，妈妈看过之后表示非常可行，于是小华就严格按照时间表去做了。有了时间规划之后，小华写作业时明显认真了很多，速度也快了很多。她心想，妈妈的计划表还真管用！

从那以后，小华就养成了做计划的好习惯，不仅仅是写作业，就连出去玩或者做其他的事情，她也会简单地计划一下，因为这样她的心里会更踏实。

没有计划的学习是散漫疏懒的，孩子很容易受到外界的影响。

再加上孩子的定力本身就不是很足，所以很容易产生各种学习问题，浪费大好的学习时光。我们身为父母，有责任去引导他们，早一点儿教会孩子计划时间，孩子就能早一点儿享受到相应的好处。

媛媛妈妈跟很多宝妈一样，一边上班，一边照顾自己的孩子。她是一家公司的财务主管，工作非常忙，可尽管如此，她还是把自己的生活过得有条不紊，并不像有些人把生活过得焦头烂额，一塌糊涂。

月初的一天，媛媛看见妈妈坐在桌前正在写着什么，于是就凑上前去，问道："妈妈，你在写什么呢？"

"妈妈在做计划，我喜欢把自己的生活都计划好，这样每一天过得就很清晰，不会因为在某件事情上磨蹭，影响了其他事情的进程。"

媛媛仔细看了看妈妈的计划，她先是把整月的事情安排到各个星期，然后又把每个星期的事情安排到每一天，有的居然还细化到具体的时间点，上班、接送孩子、跑步、看书、美容……所有的事情都一目了然，给人一种很轻松的感觉，让人有一种马上就要去做的冲动。

一位朋友得知媛媛妈妈的这个习惯以后，很是惊讶与佩服，她说："你怎么能坚持每个月都把计划做得这么好呢？"媛媛妈妈笑着说："其实也没什么；一方面，如果我们形成了一种习惯，就不会把做计划看成是一项负担，另一方面，我是想通过自己的坚持去鼓励孩子，让她也养成凡事做计划的好习惯，将来把生活过得井井

有条，不在没意义的事情上浪费时间。"

　　在妈妈的影响下，媛媛也慢慢开始给自己的学习做计划，并且逐渐养成了每天做计划的好习惯。她说："每天花一点儿时间把一天的学习任务都安排好，可以让我学习起来更有积极性。我要谢谢妈妈，是她给我树立了好榜样。"

　　教会我们的孩子有计划地做事情，会让他们受益终身。无论是在学习上，还是将来的生活工作中，有计划地做事都能让他们得心应手、游刃有余。在平时的生活中，我们自己做事情的时候，也要尽量做到有计划、有准备，孩子在耳濡目染之下，也会养成做计划的好习惯。

不要三心二意，要专心做好一件事

很多人小时候就学过"小猫钓鱼"的故事：小花猫跟着妈妈去钓鱼，一会儿蜻蜓飞来了，它去捉蜻蜓；一会儿蝴蝶飞来了，它又去捉蝴蝶。最后，猫妈妈钓到了很多鱼，小花猫却一条也没钓着。这个故事旨在告诉孩子们做事要专心。我们作为父母，需要从孩子小时候就开始培养他的专注度，避免孩子做事三心二意，帮他养成专心做好一件事的好习惯。

在爸爸妈妈眼中，宁宁是一个非常顽皮的孩子。他做什么事情都不会坚持太长时间，心里总想着其他的事情。也有朋友提醒宁宁妈妈，可能孩子的专注力并不是很高，应该重点培养一下。可宁宁妈妈觉得，孩子贪玩是天性，长大一点儿自然就好了。至于宁宁的学习，妈妈也从来没有担心过，她觉得宁宁很聪明，肯定学什么会什么。然而事实并不像她想得那般如意。上了小学以后，宁宁的成绩并不好，有时考试成绩还不及那些天资不如他的孩子，这让妈妈很发愁。为此，她特意向老师请教。老师说："宁宁是个聪明的孩子，脑袋瓜儿也很好使，经常一教就会，可是，他在课堂上总是三心二意，不愿意听讲，所以很多时候，我在讲课，他在干别的，结果写作业时问题百出。"

"他为什么会不好好听课呢？"

"我感觉孩子的专注力有点儿差，经常无法专心做一件事情，所以我们应该帮帮孩子。"

听了老师的话，宁宁妈妈才意识到问题的严重性，于是她下决心好好帮帮宁宁，让他逐渐养成一心一意的好习惯，不能做什么事情都三心二意。

专注力对孩子的成长来说极为关键。没有专注力，孩子就无法专心做事情，从而影响做事的时间和效果。尤其是在学习上，孩子如果总是三心二意，就无法深入思考，一遇到难题就发愁，不知道如何处置"拦路虎"。最终他们的做法也只有两种，一种是直接放弃，另一种就是在一道题上磨蹭，不断地消耗时间。这两种情况对孩子的发展都非常不利。小时候的畏难心理和不懂得珍惜时间，可能会给他们今后的人生造成负面影响。

晚饭过后，浩宇拿出自己的家庭作业开始写起来，看着如此积极主动的孩子，妈妈很是欣慰。但过了一会儿，浩宇就从房间里走了出来，妈妈很惊讶地问道："已经写完了吗？"

"会的都写完了，还有几道题是我不会的，就没有写。"

"今天讲的内容吗？怎么不会写呢？"妈妈一边说着一边走到

浩宇的房间，拿起摊在桌上的作业看了起来，"这几道题不是都讲过吗？你专心思考一下肯定会的。"

浩宇有些不太情愿地重新坐下，妈妈在一旁偷偷地观察他。只见他想一想，玩一玩，再看看别处，三心二意，根本没有想要解决难题的心思。20分钟过去了，妈妈再看浩宇，他还在那一道题上磨蹭。妈妈虽然很生气，但还是强压着心中的火对浩宇说："面对难题，你必须专心思考才行，三心二意根本理不出头绪。"为了让他专心，妈妈特意坐在浩宇的身边，并且让浩宇一字一句地把题目念上两遍。结果念着念着，浩宇猛地拍了一下脑袋叫道："哦，我明白了。"然后他很快地把题解了出来。

这时妈妈问他："为什么我坐在这里看着你，你就把题解出来了？"

浩宇不好意思地低下头，弱弱地说道："我自己做题的时候总是三心二意，不想认真思考，所以做不出来。"

"你想想看，你不专心思考，不仅做不出题来，还浪费了多少宝贵的时间，那些时间你完全可以用来看书或者做一些自己喜欢的事情，那样不是更好吗？不比你一直盯着题磨蹭更有意义吗？"

浩宇觉得妈妈的话很有道理，他向妈妈保证，以后一定会改掉三心二意的坏习惯。

拥有一个好的学习习惯，可以帮助孩子节省很多时间，特别是有益于对孩子专注度的培养。当他们学会了专心致志去干一件事时，往往会取得不错的效果。当孩子能够用心专一的时候，孩子接受知识的能力和理解问题的能力都会提高。反之，孩子无法专心思考问题，自然很难取得理想的学习效果。

第四章

一声叹息，时间就这样溜走了

　　在日常生活中，很多孩子都不懂得如何利用自己的时间，大量的时间会在他们手中浪费掉。造成时间浪费的原因有很多，但绝大部分与他们的不良习惯有关。例如，睡懒觉浪费晨读的时间，写作业神游浪费了学习时间，时间分配不均使时间白白流走……如果我们能帮助孩子改掉这些习惯，就会有大量节约下来的时间供他们支配，这样一来，孩子不但会在学习上变得相应轻松，在处理其他的事情上也会游刃有余。

每天起床难如登天

很多孩子都爱睡懒觉，早上起床往往比登天还难，这对大多数父母来说都是一件头疼的事。很多父母为了让孩子按时起床，可谓是煞费苦心，他们尝试过各种方法，比如定闹钟，给孩子各种诱惑，大声吼叫，甚至大打出手，但通常情况下，这些方法都收效甚微，孩子依旧起床困难。

小凡的妈妈在一家公司上班，她经常迟到，几乎每周都会被经理当众批评。为此，她苦不堪言。同事们也感到非常纳闷，毕竟她在其他方面都非常出色，于是追问她到底怎么回事，为什么会"屡教不改"。小凡妈妈不好意思地说，自己每天迟到是因为孩子起床太难。每天早上，光是叫孩子起床差不多就要消耗她40分钟时间，说到这里，她一脸无奈。大家纷纷献策献计，有人说多给孩子放几个闹钟，有人说要不停地在孩子耳边叫起床，还有人说给孩子挠痒痒，甚至有人说捏孩子的脸蛋，等等。小凡妈妈却说，这些方法其实她都尝试过了，甚至还因为起床困难打过孩子，可是什么方法都不管用。

妈妈被小凡赖床的坏习惯所连累其实还不算什么，重要的是赖床已经严重影响到了小凡的学习与成长。每天，睡眼惺忪的小凡去

了学校，依然像是没睡醒似的，根本没有学习的状态。

对此，妈妈很是苦恼，她不知道怎么办才能把小凡的坏习惯改掉。

事实上，对于起床困难的孩子，单纯讲道理是毫无用处的，例如"你快点儿起床否则上学就要迟到了""你赶紧起床，要不然对你不客气"等，这些话对孩子根本没有震慑力，反而会让我们自己更加生气，觉得孩子油盐不进，不理解大人。

其实，孩子不愿意起床是有原因的，我们看到的只是结果而已。一般来说，孩子有赖床的坏习惯，大多与其睡得晚有关。孩子的睡眠没达到足够的时间，会自然而然地赖床。我们想改变孩子的坏习惯，就要学会对症下药，安排孩子早早上床睡觉。

小新是个很贪玩的孩子，每天放学回到家，他扔下书包就到外面跟别人去玩了。什么时候妈妈喊他吃饭，才想起来要回家。吃完晚饭后，小新才开始写作业，可这时他总是又累又困，根本没有心思再写了，于是不断地磨蹭，一直拖到很晚才结束。几乎每天上床睡觉时，都快晚上11点了。第二天早上，无论爸妈怎样叫他起床，小新就是不想起，总说自己没睡够呢。后来，小新每次考试成绩都非常差，爸爸妈妈觉得一定是因为他每天写作业效率不高，并且还浪费了很多复习和预习的时间，从而对知识的掌握度并不好。

　　为改变这一现状，每天放学后，爸爸妈妈不再让他出去玩了，一回家就让他写作业。虽然刚开始小新很不满意，总是磨蹭着不想好好写作业，但爸爸妈妈非常坚决，他也就没有什么指望了，只好安下心来写作业。这样一来，他基本上在饭前就把作业写完了。渐渐地，小新养成了及时完成作业的好习惯，这样不仅能够早点儿上床睡觉，还提高了学习效率。与此同时，每天中午放学吃饭后，妈妈总要让小新小憩一会儿。没多久，他的起床困难症就逐渐缓解了。

　　因此，当我们的孩子一再赖床时，我们应该保持足够的耐心，多给孩子一些鼓励，然后寻找他们赖床的缘由，帮助孩子从根本上解决起床难的问题。

吃饭的时候左顾右盼

吃饭是我们每天都要做的事情，每天都要花掉我们一定的时间，这是正常且必要的，无可厚非。但是有些孩子，吃饭要花去他们大量的时间。他们吃饭的时候经常左顾右盼，磨蹭来磨蹭去，浪费了许多时间，让父母既发愁又无奈。一方面，不专心进食会导致消化液分泌不足，使孩子消化不好；另一方面，浪费时间太多，会影响正常的生活秩序。所以我们必须帮助孩子尽早改掉这一坏习惯，让孩子更好地成长。

锦儿是家里的宠儿，从小被全家人捧在手心里养。她小时候身体弱，不怎么爱吃饭，为了让她多吃点儿，爸爸妈妈总是追着喂、哄着喂、各种"威逼利诱"喂，每喂完一顿饭，就好像完成了一件什么大事一样。

后来锦儿长大了，学会了自己吃饭，不过她的胃口依旧不好，每次看到饭菜上桌，她的磨蹭症就开始了，洗个手也得十多分钟，吃的过程就磨蹭劲儿更加严重了，左顾右盼，挑三拣四……

上小学后，锦儿的吃饭问题成了全家人的头等大事。为了使早饭博得锦儿的欢心，妈妈每天都要提前好久起床准备可口的早餐，可锦儿仍旧提不起兴致，磨蹭着不肯快吃。为此，她经常迟到。

　　一天，老师再次找锦儿妈妈谈话，强调迟到的弊端，让妈妈帮助锦儿管理好自己的时间。这一次，锦儿妈妈触动很深，虽然她也知道孩子迟到不好，但听老师从深层次讲了迟到对孩子成长的害处，还是吓了一跳。

　　第二天早上，妈妈叫锦儿起床时强调说，今天绝对不能迟到，如果今天她还是磨蹭，可能就没有吃早饭的时间了，那就只能饿着肚子去上学。结果锦儿还是一如既往地磨蹭，到了该出门的时候，妈妈果断地拿掉了锦儿手中的饭碗，告诉她必须出门了。结果那天锦儿整整饿了一个上午。虽然妈妈很心疼，但为了锦儿，她咬牙坚持了下来，没时间吃早饭就绝对不让她吃。饿过几次之后，锦儿慢慢不敢磨蹭了，吃饭时也不再左顾右盼。

孩子不专心吃饭的原因有很多，坏习惯的养成除了孩子自身的问题，往往还与我们家长有很大的关系。有的人喜欢给孩子买零食吃，使孩子总处于饱腹状态，吃饭时自然没有兴趣，又不能干别的，只好左顾右盼地磨蹭时间；还有的孩子专注力不够，经常吃着饭看着其他东西或者不停地说话，这样也影响吃饭速度。如果孩子一日三餐都这样，那浪费的时间可是太多了。

兵兵的爸妈都是活泼外向的人，非常喜欢说话，就连饭桌上也常常聊个不停。在他们的影响下，兵兵也非常爱说话，经常找着话题就说个没完没了，完全忘记了自己还在吃饭，时间也就被他一点一滴地消耗了。所以，爸爸妈妈总是先比他吃完。吃完饭后，爸爸妈妈就开始忙碌各自的事情。他们走到哪里，兵兵总会跟着去看，左看看右看看，一顿饭吃完大概得一小时。妈妈经常抓狂地说："你就快点儿吃饭吧，省下来的时间做点儿什么不好哇！"可兵兵似乎根本就没在意过这件事情。

后来，为了让兵兵安心吃饭，爸爸特意强调"食不言、寝不语"，吃饭的时候，大家都不许说话，兵兵有样学样自然也就把注意力转移到了吃饭上。吃完饭后，爸爸妈妈也没有马上起身离开，而是安静地陪着兵兵坐在桌前，直到他吃完，这样，孩子左顾右盼的机会也没有了。慢慢地，兵兵的吃饭速度提升了许多，再也不会浪费时间了。

所以，对于吃饭左顾右盼的孩子，我们要与之"斗智斗勇"，除了少给孩子买零食，给他做必要的时间规定，我们还要做好自己，给孩子树立好的榜样。慢慢地，孩子的好习惯就能培养起来，就能更好地管理自己的时间。

沉迷手机无法自拔

随着智能手机的普及，越来越多的孩子开始沉迷于手机无法自拔。孩子沉迷手机，显然弊大于利。首先，孩子的眼睛被手机光线辐射，很容易造成各种眼部疾病，危害孩子的视力；其次，孩子沉迷手机，往往影响他们在现实中与他人的交流，从而形成孤僻的性格，尤其是喜欢玩手机游戏的孩子，还容易变得暴力，越来越没心思学习；最后，沉迷手机的孩子会浪费大把的时间，甚至占用学习的时间玩手机，从而对学习产生非常大的影响，甚至影响一生。

孩子的健康和时间都是异常珍贵的，我们不能无视孩子被无端消耗，因此只要孩子有沉迷手机的苗头，就要想尽各种办法制止孩子，帮他们脱离手机的控制，挽回更多的时间，培养孩子的自主能力。

小洋刚懂事的时候，为了让他听话，爸爸妈妈常常会用手机当作筹码，让他乖乖就范。那个时候，他看到手机上的动画就非常喜欢，经常抱着手机不撒手。后来，随着年龄越来越大，他对手机的渴望也越来越强烈，哄他开心的那一小段时间早已无法让他满足，于是

他只要逮住手机，就会拼命去看，不管不顾。

　　一个周末，爸爸带着小洋去乡下看望爷爷奶奶。到家之后，小洋一眼看到了爷爷的手机，于是拿起来就玩，然后任凭谁说话都不搭理。看到他这个样子，爸爸说道："小洋，放下手机，跟爷爷奶奶说说话。"

　　"好的。"小洋随口答应。可是过了好一会儿，他还是抱着手机在看。于是爸爸再次说道："洋洋，别看手机了，你不是来看爷爷奶奶的吗？陪他们说说话。"

　　"知道了，马上。"

　　转眼又过了十多分钟，小洋还在看着手机，这下爸爸有些生气了，又说："洋洋，跟你说话没听见吗？放下手机！"

可小洋听了之后，还是无动于衷，于是爸爸一把抢过他的手机，扔在了沙发上。小洋先是被爸爸的举动吓了一跳，然后就开始哇哇大哭，爷爷赶紧说："让洋洋看一会儿吧，没事儿！"

见爷爷给自己做后盾，小洋的哭声更大了，为了不惹爷爷生气，爸爸也只好睁一只眼闭一只眼，让他继续看手机。整整一个下午，小洋什么都没干，所有的时间都在玩手机。爸爸越想越气，心想：早知道从小不让他接触手机了，现在是真后悔呀！

沉迷手机对孩子的成长影响非常大，尤其是在学习上，沉迷手机是很多孩子学习成绩差的首要因素。当孩子一心沉浸在手机中时，他们会无心思考，即使看着书，写着作业，脑海中也会闪现手机上的画面。另外，孩子一旦沉迷手机，在时间上就无法把控自己，很容易把学习的时间用来玩手机，把睡觉的时间也用来玩手机，把学习时间压缩到最低，如此，能取得好成绩才怪！

甜甜上小学五年级了，有些知识已经超出了爸爸妈妈的辅导能力范畴。为了让孩子更好地学习，甜甜妈妈给她买了一部手机，一方面可以上网查阅资料，另一方面有不懂的问题可以及时跟老师联系。然而给甜甜买了手机以后，妈妈才意识到自己的想法实在是太天真了。

原来，甜甜有了手机以后就把学习的事情抛诸脑后，经常拿着手机浏览网页，一看就是好长时间，什么时候妈妈催促着放下，她才不情愿地挪到书桌前。因为满脑子都是手机游戏、动画片之类的东西，所以她根本无法安心写作业。经常一点儿作业就写好长时间，始终不痛不痒地磨蹭着。有时候，妈妈催促得紧，她干脆就马马虎虎地写，根本顾不上对错，遇到难题，她甚至连思考都不思考一下，直接胡写一通。

一段时间过去后，甜甜的成绩呈断崖式下滑，爸爸妈妈这才意识到，手机带给甜甜的负面影响太大了。她终日沉迷手机，无法自拔，一点儿学习的心思都没有了。为此，爸爸妈妈没收了甜甜的手机，这让她难以接受，于是一反常态，她跟爸爸妈妈闹腾起来，一会儿绝食，一会儿离家出走，好在爸爸妈妈并没有因此放弃。过了一段时间之后，甜甜的手机瘾才慢慢淡下来，甜甜这才有了学习的心思。

孩子沉迷手机，很多时候都与父母有关。只要我们给孩子接触手机的机会，孩子就会错误地以为父母不反对自己看手机，甚至支持自己看手机，从而放心大胆地玩起来，从此一发不可收。所以在教育孩子时，我们必须坚守原则，既然手机对孩子的身心健康不利，我们就要严格控制他们对手机的使用，避免其上瘾之后无法把控自己，成为可怜的"手机控"。

写作业时神游四方

生活中，经常会有家长抱怨，孩子写作业太费劲，每天晚上都会写到很晚，而且检查时还是错题一片。可也有家长表示，自己的孩子写作业很快，基本上一小时就完成了，一检查质量还很高。为什么同样的作业量，孩子花的时间和效果却不一样呢？原因就在于孩子写作业的专注度不同。

通常来说，专注度高的孩子不仅写作业速度快，正确率也高，因为他们会冷静思考。而那些神游四方的孩子，心思完全不在作业上，所以写作业时不仅浪费时间，而且很容易做错。

自从上了小学，晨曦每天写作业都要熬到晚上十一二点，成功晋升为全家最晚睡的人。刚开始，妈妈以为是老师布置的家庭作业太多了，于是总想着找老师谈谈。后来跟班里其他家长聊天时发现有的孩子很轻松地就完成了作业，并没有像晨曦那样困难，妈妈这才意识到，问题应该是出在自家孩子身上。

一天晚上，妈妈特别留心晨曦写作业的状况。她发现，孩子写着写着就停下来了，过好半天才回过神来，写上几个字，再过一段时间，再一次停下来，如此反复，一个多小时就过去了。妈妈实在不明白，孩子到底在想什么，有时候甚至自己想着想着就笑了。

之后的几天，妈妈依旧按兵不动，留心观察，发现晨曦几乎每天都是这样的情况。原来让孩子晚睡的并不是作业，而是他自己，是他的神游四方消耗掉了大部分本该休息的时间。为了改变孩子这一现状，妈妈决定以后陪着晨曦写作业，好及时地监督他。每次看见孩子发呆，妈妈就在旁边赶紧喊道："快写！"晨曦有时会因此吓一跳，然后就会把注意力集中到作业上。

然而，新的问题很快就产生了，妈妈发现，陪在孩子身边不仅没有起到监督作用，反而让晨曦的注意力更加分散了，走心神游变成了注意力完全不集中。这下妈妈更发愁了，常常叹息，不知如何是好。

对于写作业神游的孩子，想要帮他们改掉坏习惯，首先要找到最根本的原因：是沉迷于某件事情，是有知识点不明白，还是太过困倦？只要找到原因，有针对性地进行改正，孩子很快就会认真起来，不再浪费时间。像上面案例中晨曦的妈妈，虽然她陪在孩子身边，不时地提醒孩子抓紧时间写作业，但那样只是治标不治本的方法，非但无法帮助孩子改掉写作业走神的坏习惯，还容易让孩子对大人产生依赖。那我们该如何对待孩子写作业走神的问题呢？我们看看下面这位妈妈是怎么做的。

最近一段时间，妈妈觉得小东写作业完全心不在焉，经常写着写着就停下了笔，并且好像在考虑什么事情一样。于是妈妈询问道："儿子，你怎么了？"

小东立马缓过神来，迅速地回答说："没什么。"

又过了几天，妈妈发现小东还是经常走神，没有心思写作业，任凭时间一点一滴地溜走。妈妈觉得小东一定是有什么事情，否则他不会是这个样子。她再次问小东："儿子，你是不是有什么事情啊？"

"没什么。"

"可是你每天写一点儿作业就浪费一晚上时间，这可真的是说不过去啊！时间这么宝贵，你打算一直这样吗？"

"可是——可是——我说了你能不生气吗？"

"你先说说看。"

"我跟同学在放学路上收留了几只流浪猫，我们每天都会偷偷带食物给它们。每当静下来我就会想，明天该给它们带什么食物呢？刮风下雨，我也担心它们。所以我写着写着就走神了。"

虽然不专心写作业让妈妈很生气，可面对孩子的坦诚，妈妈也不好再批评什么。于是她对小东说："以后你专心写作业就好了，食物的事情我会给你准备的，而且我会慢慢给那些流浪猫寻找一个好去处。"

听了妈妈的话，小东非常开心，因为他担心的事情终于解决了。没有了后顾之忧，小东写作业专心多了，再也不会因为走神儿浪费时间了。

如前所述，帮孩子改掉坏习惯，需要从根本上解除孩子的困扰，而不是不问原因，一个劲儿地催促，那是治标不治本的做法。要像小东的妈妈那样，耐心地走进孩子的内心，了解孩子心中的困扰，然后努力帮孩子解决这些后顾之忧，孩子才可以安心地去学习。另外，我们还要加强孩子的时间观念，让他们自己认识到时间的重要性，从而排除干扰，争分夺秒地学习，不给其他事情占用孩子大脑的机会。

不停摆弄自己的文具

文具是孩子必要的学习工具，但有时它们也会成为孩子写作业不专心的罪魁祸首。在写作业磨蹭的孩子当中，有一大部分孩子都把时间浪费在了摆弄自己的文具上。事实上，摆弄文具只是孩子磨蹭的一个表象，其实他们是以此来消磨时间，逃避写作业。归根结底，还在于孩子不善于管理自己的时间。

一提写作业，文文妈妈就一肚子气，因为孩子总是在写作业的时间各种玩，几乎把自己的文具变成了玩具。

一天，妈妈下班回家后，看见文文正坐在桌前写作业，妈妈心里一阵儿高兴，难得孩子这样主动。可走近一看，她就有些不高兴了。原本干净的作业本被文文画出深深浅浅的印子，上面还有密密麻麻的小圆点，再看看作业，刚刚写了第一个字。于是妈妈问道："文文，你在干什么呢？"

"我在写作业啊。"

"这些是怎么回事儿？"

"这个不怪我，是我的铅笔总断。"

妈妈没有深究，给他削好铅笔后递给他，叮嘱说："别再磨蹭了，好好写吧。"

可是过了不到一分钟，文文的铅笔又断了，橡皮也变成了几个小块儿，妈妈气极了，大声制止说："不能再摆弄文具了，听见没有！"

文文没有再在铅笔上做文章，而是在文具盒上胡乱涂抹起来。看到他这个样子，妈妈干脆收走了所有的文具，只留下手中的铅笔和橡皮。可让她没想到的是，不一会儿文文居然咬起了铅笔。这下妈妈彻底无语了，心想孩子总是这样可怎么办呀？

孩子摆弄文具、浪费时间，会极大地影响孩子的学习效率，作为家长，我们一定要想办法让孩子改掉这个毛病。为了避免孩子在文具上浪费时间，我们在给孩子挑选文具时，最好将实用性作为首选，避免使用那些观赏性强的文具。好看且有个性的文具会分散孩子的注意力，进而导致孩子写作业时不断摆弄文具，浪费时间。

萱萱妈妈是一个非常有生活情调的人，无论买什么东西都精挑细选，力求做到漂亮、与众不同，给萱萱买文具也是如此。所以，萱萱的文具总是特别新奇，惹得她不停地摆弄。

　　上小学将近一个学期了，萱萱的成绩始终不突出，在班里处于中下游水平，让妈妈非常着急。她觉得萱萱是个聪明的孩子，学东西应该很快，成绩不应该一直这样。为了寻找萱萱成绩差的原因，妈妈特意询问了萱萱的老师，询问萱萱的课堂听讲情况。

　　不问不知道，一问吓一跳，老师说："萱萱是个聪明的孩子，就是不怎么好好学习，课堂时间基本上都是浪费的。"

　　老师这话让萱萱妈妈有些摸不着头脑，赶紧问道："老师的意思是？"

　　"萱萱上课总是不认真听讲，一直在摆弄自己的文具，不是玩笔上的装饰，就是在转笔，玩得不亦乐乎，根本不听老师在说什么。尤其是她那个文具盒，像个小机器人一样，那么多按钮，按一下就能让文具盒发生一种变化，引得她旁边的同学都不专心听讲了。她虽然表面上在上课，实际上却完全没有效果。我几次批评她，丝毫作用也没有，正想跟你说说这事儿呢！"

老师的话让萱萱妈妈颇感意外，她对老师说："回家后我会警告她的。"

"课堂40分钟时间真的非常宝贵，我讲的每句话都对孩子们的理解非常有益。如果孩子不在乎，把时间都浪费掉，那可真的是太可惜了。"

从那以后，萱萱妈妈再也不给萱萱买个性化文具了，无论铅笔还是橡皮都买最普通的，萱萱对文具的兴趣也小了很多，至少上课时间不会再反复摆弄了。

总之，发现孩子不停摆弄文具时，我们要认真思考其中的原因，然后帮孩子改正，教会孩子如何珍惜时间，更好地把精力放在学习上。

不会分配学习和玩耍的时间

孩子不会合理分配时间，也是造成时间浪费的原因之一。对于学生来说，最重要的事情就是学习，而玩耍是休息，是学习之余的调剂，如果错把副业当主业，学习必然会受到影响。因为一个人的时间是有限的，此消彼长，孩子每天学习的时间不够，学习成绩自然好不到哪里。

身为父母，这个时候我们有必要提醒孩子，学习是第一要务，要给它安排足够的时间，其余的时间才可以用来玩耍。否则，就没有资格玩耍。有了这个认识之后，孩子就会慢慢建立时间分配意识，逐步学会时间管理。

康康是一个非常贪玩的孩子，上幼儿园时，经常一整天都在玩，不愿意学知识。上了小学以后，康康并没有太大的变化，除了上课受约束，其他时间都在玩，每天晚上天黑才回家，然后匆忙完成作业，以至于作业总是出错。有时候，还没来得及写作业，康康就累得睡着了。

见康康在学习上如此不用心，爸爸很是着急，于是决定要跟他进行一次"男人之间"的谈话。一天，康康又玩到很晚才回家。爸爸把他叫到面前，很认真地说："儿子，爸爸想问你一个问题，你觉得上幼儿园和小学有什么不同吗？"

"小学的作业多。"

"那你知道为什么上小学作业就多了吗？"

"因为上小学我们就开始学知识了。"

"可爸爸觉得你很喜欢玩，不太喜欢写作业，那咱们再回到幼儿园，一直在幼儿园里玩行吗？"

"当然不行了，那样我就长不大了。"

"既然你知道自己已经长大了，可是你怎么还跟在幼儿园时一样贪玩呢？"

　　康康不好意思地低下头，什么也没有说。爸爸接着说道："儿子，你现在的身份变了，是小学生了，学习生涯正式开始了，你们是祖国的未来，你不学习，将来怎么能成为一个对社会有贡献的人呢？"

　　"可是爸爸，我该怎么做呢？"

　　"你应该多一些时间学习，少一些时间玩，这样时间就不会被浪费了。"

　　听了爸爸的话，康康郑重其事地重新规划自己的时间，爸爸也给了他很大的鼓励，慢慢地，康康的时间重心就转到学习上来了。

孩子毕竟是孩子，对时间的掌控能力还不是很好，所以我们要辅助孩子管理自己的时间，当他们不能进行合理分配时，我们要及时给予纠正和引导，帮助孩子最大化地利用时间，并逐渐养成习惯，树立牢固的时间观念。

　　上小学了，老师第一节课就跟孩子们强调了时间问题，告诉大家上学要有时间观念，不能迟到，要按时完成作业，懂得珍惜时间等。放学时，老师还给孩子们布置了一个家庭作业——每个人制定一份时间规划表，更好地管理自己的时间。

　　彤彤回到家后，很认真地规划起自己的时间来。没一会儿，计划表就做好了。妈妈拿起来一看，差点儿没笑晕过去，因为计划表上除了吃饭和上课，其他的时间都是玩儿。妈妈笑着说："宝贝，这是你认真做的计划表吗？"

　　"当然啦！"

　　"你做计划表的时候有没有想过学习的事情呢？"

　　"怎么没想过？上课不就是学习时间吗。"

　　"可是，宝贝，老师还会给你布置家庭作业呀！另外你还要进行课外阅读，进行各种实践学习，这些都是需要时间的呀！"

　　"哦，我忘了。"彤彤不好意思地摸着头，"不过也没关系，我把玩儿的时间分出来一些给写作业就好了。"

　　"那可不行，对于你来说，现在学习是最重要的，学习的时间不容丝毫浪费，所以你必须认真地规划学习时间，压缩你玩耍的时间才行。如果按照你的想法，很容易把大部分时间都用在玩耍上，而学习只占一小部分，这是主次颠倒，成绩怎么能好呢？"

"这只不过是一个简单的安排，没关系的。"

"不，这是你的时间观念和学习态度，如果你一直不会合理分配时间，那你就掌控不好自己的时间，很容易把时间浪费掉。你现在是学习的黄金期，时间非常宝贵，必须好好规划。"

"好的，妈妈！看我的吧！"不一会儿彤彤又重新列了一个时间表，这一次要比上次合理多了。

确实，时间分配代表着孩子的时间观念，如果孩子不能合理分配时间，说明他还没有意识到学习的重要性，也没有意识到珍惜时间的重要性。我们必须教会孩子合理利用时间，越早越好，因为只有及早教会他们，他们才能尽早管理好自己的时间，将宝贵的时间与精力合理运用，创造出更大的价值，实现远大的理想。

第五章

悉心教导，让孩子学会管理时间

　　能够管理好时间的孩子，学习效率往往会更高，这是因为他们对时间的利用更高效，无论是学习还是做其他事情更加游刃有余。所以，想让孩子将来出类拔萃，就要用心去教导孩子，让他们按时作息、自我调整、劳逸结合，逐渐学会时间管理。

让孩子养成良好的作息习惯

父母都希望自己的孩子有良好的作息规律，因为孩子正处于生长发育期，合理的作息有利于他们养成良好的生活、学习习惯，有利于他们身心协调地健康发展，对学习也大有助益。然而并不是每一个孩子都拥有良好的作息习惯，晚上不睡，早上不起，历来都是很多家长头疼的问题。

珂珂是一个毫无时间观念的孩子，之所以这样说，是因为他的作息时间完全不规律，基本上都是随心所欲地过日子，从来不看时间。

珂珂喜欢看动画片，每天晚上必须要看一会儿才行。即使有时候写完作业时间已经很晚了，可他还是坚持要看，如果爸爸妈妈不同意，他就拼命闹腾，即使惹急了爸爸，打他一顿也无济于事。为了耳根清净，爸爸妈妈也只好跟他妥协了。可是这一妥协的结果就是第二天起床难——非常难。

珂珂每天早上起床都很困难，只要被叫醒，就会在床上打滚、哭闹，甚至还摔东西，所以每天早上，珂珂家都会鸡飞狗跳。

不仅如此，好不容易去了学校以后，因为睡眠不足，珂珂总是犯困，老师讲课时，他在下面直打盹，严重影响听课效果。为此老师几次找家长沟通，希望珂珂妈妈安排好孩子的作息。一开始，为了避免珂珂下午课堂上犯困，妈妈会让珂珂睡午觉，可是到了晚上，他会变得更加兴奋，睡意全无了。珂珂的作息似乎已经进入一个恶性循环的状态，爸爸妈妈也不知道如何去引导他了。每当看到作息规律好的孩子，珂珂爸妈就会向其父母讨教，希望能够改掉珂珂这个坏习惯，好好地把全家人的时间管理起来。

其实，很多孩子的作息习惯好不好和父母有很大的关系。我们与孩子朝夕相处，可以说是孩子的一面镜子。我们的作息习惯孩子会看在眼里，记在心里，然后有意无意地模仿，久而久之，也就形成了与我们相似的作息习惯。所以，我们想让孩子养成良好的作息习惯，前提就是自己要养成良好的习惯，从而影响孩子，让他们在潜移默化中学会管理时间。

最近一段时间，壮壮上课时总是困倦不已，不是趴在桌子上没精打采，就是直打盹，有几次甚至还睡着了。老师发现以后，询问原因，这才知道他这段时间每天都是很晚才睡。

原来，壮壮的妈妈最近有了一项新工作——网络主播。过去妈妈一直看别人直播，晚上能早点儿睡觉，可是自己做起了直播之后，时间上就不好把控了。因为晚上直播间的人比较多，所以她不能早点儿睡觉。虽然壮壮已经不用妈妈再管着睡觉了，可是妈妈跟粉丝互动的声音很大，吵得他怎么也睡不着。虽然他已经跟妈妈沟通过，妈妈也换了房间，可还是太吵。因为妈妈晚上下播太晚，所以早上

起不来，壮壮和爸爸也常常因此起晚，然后匆忙吃点面包和牛奶就去上学了。

　　老师觉得，壮壮这样下去不仅对学习影响很大，对身心健康也非常不利，于是她主动跟壮壮妈妈沟通，希望她以孩子为重，调整好壮壮的作息。妈妈仔细思考之后，觉得培养孩子比什么都重要，于是调整了自己的工作时间，每天早睡早起。经过一段时间的调整，壮壮的作息时间逐渐规律了，课堂上也不再犯困了。

　　还是那句话，想让孩子有良好的作息规律，我们首先要做好自己，不给他制造负面影响。其次，我们要耐心教导孩子，晚上按时提醒孩子睡觉，早上做好可口的饭菜，同时养成午睡的好习惯，而不是告诉孩子早睡早起对身体好这些空话。在我们悉心的引导下，相信孩子就能按时起床吃饭，到时间马上睡觉，使时间与精力都得到有效利用，慢慢学会管理时间。

让孩子感受时间的宝贵

有人说，人生就是一场与时间赛跑的比赛，我们用时间来成长、修炼自我、找到自己人生的方向、实现人生价值。什么时候时间没有了，我们的生命也就结束了，因此时间对于我们来说不是宝贵不宝贵的问题，而是除此之外，再无其他。但孩子对时间的体会不深，还没有意识到它有多珍贵，所以很多时候不懂得珍惜，经常因为一些没有意义的事情而浪费时间。

妈妈常说丫丫是一个懒丫头，因为她什么事情都不想做，整天就喜欢在床上躺着。无论什么事情，只要今天能不做，她绝对不会去做，并且能推多久推多久。妈妈经常提醒她："你的时间很宝贵，你不要这样肆意浪费好吗？"可丫丫却不以为然，觉得哪有妈妈说得那么玄乎。

暑假来了，不用再去学校上学，丫丫高兴极了，终于可以整天窝在床上睡懒觉了。她整天一点儿作业都不写，妈妈看在眼里非常着急，几次催促，她总是说："那么多天呢，着什么急？明天再说吧。"这几句话几乎每天都重复，妈妈也实在拿她没有办法，心想："好吧，就用这个假期让你好好感受一下时间有多珍贵吧。"之后，就再也不提醒她了。

就这样，丫丫每天什么都不干只躺在床上消磨时间，她总觉得时间还很多。可是一转眼，距离暑假开学不到一个星期了，丫丫的作业还一点儿都没有做，这下她有点儿着急了，每天拼命地做，可怎么都做不完，就感觉时间"噌噌"地飞逝，这一刻她才明白，时间过去了就没有了，浪费时间是一件多么糟糕的事情。

开学那天，看着同学们都满脸自信地交了暑假作业，丫丫既羡慕又悔恨，她想："我真不该浪费宝贵的时间，以后在学习上一定要争分夺秒才是。"

孩子不懂时间的珍贵，身为父母，我们就要帮助他们懂得。时间是一个抽象的东西，我们不能拿给他们看，说给他们听，最好的方式就是让他们自己去感受时间，例如感受时间的匆匆流逝、做一件事情耗费多长时间等，慢慢地，他们就懂得时间的一去不复返，知道时间是宝贵的了。

　　华华、东东、洋洋等几个孩子是同班同学，他们有一个共同点，那就是不懂珍惜时间，在学习上不用心，总是磨蹭。为了加强孩子们的时间观念，几个孩子的爸爸妈妈决定在一起聚聚，好好地交流一下心得。为了让孩子们感受时间的宝贵，几个父母协商，最终决定将聚会命名为"晒光阴"，要求参加聚会的家庭各自准备一张孩子幼年时的照片和一张现在的照片，旨在通过孩子的自身变化让他们发现时光已逝，去不再来，从中感受时间有多宝贵。

　　在聚会的过程中，孩子们看着自己的过去和现在，发现自己已经发生了翻天覆地的变化，有的孩子甚至认不出小时候的自己。他们觉得从小时候到现在，仿佛并没有经过太长时间一样，一眨眼的工夫，自己就不是自己了。爸爸妈妈们一边听，一边微笑着做补充，气氛非常温馨。

　　最后，东东爸爸总结说："时间是珍贵的，也是易逝的，我们每一个人都应该珍惜当下的时间。因为人生没有太多的时间留给我们挥霍或者遗忘，只有把握好每一天的时光，我们才无愧于自己。你们现在还不能真正地理解时间，只要你认真观察，慢慢体会，终有一天会懂得，到时候你们就会争分夺秒读书，舍不得浪费时间了。"

是的，时光匆匆，没有一刻为我们停留。孩子的时间观念需要家长在生活中帮他们逐步树立，面对孩子没有时间观念的问题，家长不能只是干着急，寄希望于各种催促和碎碎念。其实，让孩子明白珍惜时间的最好办法就是让孩子切身感受时间的宝贵。当孩子体会到这一点后，心中就会稍有紧迫感，做事情也会考虑时间，假以时日，必定会越来越好。

让孩子试着自己安排时间

在生活中，爸爸妈妈是陪伴孩子最多的人，从孩子呱呱坠地开始，喂奶、换尿布，教他学吃饭、学走路、学说话……从不缺席。正是由于全心全意地照顾孩子，很多父母习惯性地帮助孩子做各种事情，事无巨细地安排好一切，包括孩子的时间。

事实上，什么都不让孩子动手去做，表面上是让孩子舒适安逸，对孩子很好，可事实上对孩子的发展非常不利。孩子经常被安排，就会缺乏思考和统筹的能力，也不懂得珍惜时间。他们总是被事无巨细地照顾，这样就可能把他们变成生活的低能儿，将来独自面对社会时，势必无法更好地适应。所以我们应该适当地放手，引导他们自己去安排时间，这样他们会发现需要做的事情很多，时间却很少，慢慢就会懂得珍惜时间了。

健健妈妈对健健的照顾无微不至。跟妈妈在一起时，健健任何事情都不用操心，一切只要听从安排就好。每天早上，妈妈像闹钟一样叫健健起床，然后给他准备好牙刷，挤好牙膏，把早饭给他端到桌子上。为了节省更多的时间，妈妈还会帮健健准备好鞋和衣服，帮他检查书包。晚上回来，健健从来不会主动去写作业，他好像并不知道什么时候开始写作业合适，每天要妈妈说，他才会动身去写。妈妈说今天作业多要早点儿写，他就早点儿写；妈妈说今天作业少可以晚点儿写，他就晚点儿写，自己完全没有想法。

　　在妈妈的照顾下，健健从来不懂得思考问题，也不会做任何事情，相比同龄孩子，他好像要差好大一截。

一个星期天早上，妈妈有事要出去一趟。走之前，她嘱咐健健要好好在家写作业，她中午就会回来；如果回不来，就把冰箱里的饭菜放在微波炉里热一下。可是等妈妈下午回来时，健健根本不在家，作业也一点儿没动，妈妈很生气。等健健回来以后，妈妈问："你怎么没写作业？"

　　"我出去玩了，忘了还要写作业。"

　　"那你中午没吃饭吗？"

　　"已经到午饭时间了吗？怪不得我有点儿饿呢。"

　　妈妈很生气，也意识到自己对孩子的照顾太周到了，以至于他什么都不懂。从那以后，妈妈有意不管健健。早上他几点起床就几点上学，他想几点写作业就几点写，妈妈也不会催促了。与此同时，妈妈跟老师进行了沟通，与老师约定好当健健没完成作业或迟到的时候要严厉地批评、惩罚他。慢慢地，在经历了几次迟到被批评、没完成作业被罚站后，健健开始懂得管理时间的重要性了，学习的主动性也增强了不少。

　　让孩子自己安排时间，不仅可以锻炼孩子对时间的把控能力，同时也能够提高孩子的自律性和独立性，这对孩子的发展有极大的好处。孩子能够灵活驾驭时间之后，会更加明白时间是珍贵的，做什么事情都不应该浪费时间。

　　岩岩小时候，爸爸妈妈常年在外打工，岩岩一直和体弱多病的奶奶生活。因为奶奶身体不好，所以家里的重担就有很大一部分落在岩岩一个人的身上。他每天的工作有很多，早上起来喂猪，给奶奶做饭，然后去上学，中午回来还要给奶奶做饭、擦洗身子，下午放学还要给猪打草、挑水、做饭、写作业……虽然岩岩一天有干不完的活，但是他把生活安排得井井有条，尤其是学习，成绩一直在班里名列前茅。

因为家里的事情实在是太多了，岩岩一天能用来学习的时间很少，所以他总是争分夺秒地学习，课上认真听讲，课下只要有空闲，他就会学习。他就是这样一个懂得珍惜时间的孩子，凭借着每天来之不易的一点儿时间，总能取得优异成绩。

面对孩子的时间管理问题，我们必须要明白，我们是孩子的父母，不是孩子的保姆。我们身为父母，不可能一辈子守着孩子，为他们安排一切，所以我们必须让孩子自己去成长。一旦孩子有了自己的思想，有了合理支配时间的能力，我们就要将生活交给孩子自己，经过生活磨炼的孩子也会越来越成熟。

让孩子努力用最短的时间完成一件事

生活中，很多孩子不懂得珍惜时间，一方面是他们不懂得时间的珍贵，另一方面是父母总是把孩子放在一个舒适区，从来不让他们体会时间的紧张与匆忙，使得孩子从来没有因为时间而焦虑过。其实，想要培养孩子的时间观念，让他们懂得珍惜时间，最好的办法就是让孩子在规定的时间内做事情，让他们体会分秒流逝的紧迫性，让他们感觉到时间不够用，他们才会正视时间的重要性。

爸爸妈妈经常说安安是一个慢性子的孩子，事实上并非如此。安安的性格并不慢，只是让他做自己不喜欢的事情时，他就开始拖拉、磨蹭，变得毫无时间观念。爸爸妈妈觉得，这样白白浪费时间实在是太可惜了，一定要改改他磨蹭的坏习惯。但爸爸妈妈每次跟安安强调时间的宝贵与易逝时，他都不以为然地说"没关系，时间多得很"之类的话来敷衍。

一个偶然的机会，妈妈给安安报名参加了一场户外障碍比赛，比赛规则是谁用最短的时间完成任务，谁就可以获得胜利。这下可把安安着急坏了，因为比赛拼的就是时间与速度，可这都是他平时的弱点，怎么可能获胜呢？然而既然是参加比赛，谁都想取得胜利，所以安安也暗自给自己加油鼓劲。

第一轮比赛，小参赛者们个个身手敏捷，均能快速地翻越各种障碍。虽然安安已经很努力地加速了，可还是感觉时间在飞快地向前跑，结果别人用了两三分钟就完成了比赛，安安却整整用了4分钟。

第二轮比赛，安安下定决心要拿出最快的速度和技巧，争取在最短的时间内越过所有的障碍。这一次，他在每一分每一秒中都拼尽全力，丝毫不敢懈怠，最终获得了这一轮的胜利。这一轮下来，安安别提有多高兴了，因为他感受到了拼尽全力去做一件事情的成就感。

　　回家的路上，安安一直沉默不语，妈妈问道："安安，你觉得今天的比赛好吗？"

　　"很好。"

　　"为什么好呢？"

　　"它不仅让我锻炼了身体，同时还让我明白了一个非常重要的问题。"

　　"什么问题？"

　　"时间真的很宝贵。当我完成任务时，我真的是争分夺秒，我从来没有感受过时间竟然如此重要。"

　　"现在知道时间宝贵了吧？"

　　"嗯，我以后一定要珍惜时间，认真地去学习，去做事情。"

通常来说，让孩子感受到时间上的压力，他们就会更在意时间。所以我们要适当给孩子制造机会，让孩子在短时间内完成一件事，这往往能起到立竿见影的效果。当他们经过多次这样的锻炼，从心理上就能建立起时间过得很快的认识，以后做事情即使没有人催促，他们也会抓紧去做，尽量避免浪费时间。

小龙是一个时间观念非常差的孩子，虽然已经是小学生了，但做事情还是从来不知道时间的长短，常常一顿饭就吃好久，一天大部分的时间都因为一些无关紧要的琐事而浪费了。

为了让小龙提高学习效率和做事效率，妈妈决定在家里实施"任务制"。具体来说，就是做某项家务要规定好时间，如果小龙按时做完，就会给予他一定的奖励；如果用比规定时间更短的时间完成，那妈妈就可以满足他一个小小的愿望；如果没有按时完成任务，那就什么也得不到。这个游戏对小龙的吸引力非常大，因为他有很多小愿望想让妈妈帮自己实现，而现在他完全可以自己去争取。于是小龙开始做各种任务，每次都尽量用最短的时间去完成任务。

过了一段时间之后，小龙在不知不觉中就加快了做事速度，不再像过去一样磨蹭了。他说："我现在才发现，用最少的时间完成最多的事情实在是太爽了！"

孩子是一张白纸，任我们书写；孩子是一块木材，任我们雕刻。只要我们用心教导，孩子就会朝着好的方向发展，珍惜时间，爱惜生命，把握生命里的每一分钟。孩子没有时间观念，很多时候都与我们的教育方式有关，不要一味地去指责孩子，要从我们的教育理念和实践做起，要想方设法树立孩子心中的时间观念，当孩子真正对时间有了清晰的认识时，他们会自然而然地珍惜时间，提升自己的做事效率。

让孩子懂得劳逸结合

知识是进步的阶梯，我们都希望自己的孩子热爱学习，掌握渊博的知识，取得优异的成绩。我们经常教育孩子，好好学习，希望他们把一天中最好的时间与精力都用在学习上。然而学习成绩的优异与学习时间的长短并不一定成正比，而是与学习效率有着密切的关系，所以我们在让孩子学习的同时，还要关注孩子的学习效率。

通常来说，劳逸结合能够提高学习效率。当孩子学习时间太长时，大脑会进入疲劳状态，思考能力就会下降，这时，我们就要让孩子休息，并告诉他们劳逸结合才能有更高的学习效率，而不能一味地苦熬。

壮壮是个性格非常倔强的孩子，他认准的事情就一定要干。尤其听了妈妈讲过的一个关于一鼓作气的故事之后，他做什么事情都一次性做完。学习当然也是如此，他经常一坐就是好几个小时，直到把作业写完才肯罢休。中间妈妈几次提醒要起来活动一下，他全都不理会。

国庆七天假期，老师布置了很多家庭作业，为了能早点儿做完作业，壮壮就坐在书桌前一直写个不停。从早上到中午，他一刻也不肯休息。妈妈看到他这个样子，走到他跟前，心疼地说："儿子，你休息一会儿再写吧。"

"不，我要一鼓作气写完。"

"一鼓作气的态度很好，但凡事过犹不及，你应该劳逸结合，学习效率才会更高。"

"没关系的，妈妈，你别管了。"壮壮说完继续写着。但是越接近中午，他的头脑越不清醒，困意不时地袭来，可他仍在坚持着。

看他已经困到不行，妈妈再次说："你看你现在困成什么样子了，这样学习还有意义吗？"

"当然有了，我快写完了。"

"写作业是为了提高学习成绩的，不是单纯为了完成老师布置的任务。你现在只是在追求量，难道就不在乎质吗？"说完，妈妈开始给壮壮检查作业，结果发现他接连错了好几道题，越到后面错得越多，"这说明了什么问题呢？"

壮壮没有说话。妈妈接着说："说明你越劳累，学习效率越低，所以你必须学会劳逸结合才行。适当地休息不仅不是错，还可以提高学习效率。"

"妈妈，我明白了。"壮壮说道。

现在有很多父母望子成龙心切，恨不得孩子一天二十四小时钻在书本里，完全忽略了劳逸结合的重要性。这样不仅给孩子的身体造成了较大的负担，同时也使孩子的学习效率与学习兴趣大大降低，难以取得好成绩。看到成绩与付出不成正比，父母甚至会变本加厉地让孩子学习，于是进入恶性循环。所以，我们首先要端正想法，正视劳逸结合的重要性，进而科学地教育孩子，引导孩子。

霞霞的妈妈是一个自我要求很严的人，她喜欢追求完美，并且希望自己的女儿也是完美的。于是在学习上，霞霞妈妈对她提出了很高的要求，生怕她因为一时不努力而落后于他人。所以对霞霞来说，她没有休息，没有周末，没有假期，因为不去学校的日子，妈妈总会给她把课程、作业安排得满满当当。

又一个周末，霞霞很早就被妈妈叫起了床。妈妈说："一日之计在于晨，早上的时间不应该浪费在被窝里。"于是霞霞就开始起来写作业。过了一会儿，霞霞说："妈妈，我很累，我想休息一会儿。"

"我给你规定的学习量完成了吗？"

"还没有呢，可是妈妈我真的很累，我已经好久都没有玩过了。"

"马上就要期末考试了，你再努努力，假期妈妈绝对让你好好玩几天。"

听了妈妈的话，霞霞只好继续写作业，可是她的大脑一片混乱，昨天晚上12点才睡，今天又早早起来，她的眼皮还直打架呢！因此，作业写得一塌糊涂。不仅如此，她感觉自己开始有点儿迷糊了，仿佛不知道自己在干什么。又过了一会儿，她实在有点儿坚持不住了，直接趴在了桌子上。

等她再次醒来时，她正躺在医院里，医生说是疲劳过度导致的昏迷，只要好好休息就没事儿了。再看妈妈，她已经哭成了泪人，她抱歉地说："宝贝，都是妈妈不好，妈妈一心只想让你取得好成绩，但是却忘了劳逸结合，结果伤害了你。"

从那以后，霞霞妈妈做了很大的改变，经常教导霞霞要学会适度休息，学会管理自己的时间，避免时间分配不合理对身体造成伤害。

我们知道，玩的时候痛快玩，学的时候认真学，才是学习最好的状态，也是童年该有的样子。因此，我们不能教育孩子整天伏案苦读，而是要耐心引导、教导他们怎样提高学习效率，有效利用时间。其实，单纯靠增加时间去学习，这是对时间的浪费，也是对学习的误读。

告诉孩子不给自己拖延时间的借口

孩子到了一定年龄以后，就开始有了趋利避害的意识，做事情喜欢给自己找理由，以逃避父母的责备和不满。他们往往会用客观条件去掩盖主观上的不情愿。例如，我们交代给孩子一件事情，让他们尽快完成，可他们往往因为拖拉磨蹭无法兑现承诺，这时就会找各种借口去掩盖时间的浪费。这并不是一个好的现象，所以我们要耐心教导孩子，不要用任何借口来掩饰自己的懒惰与低效。

不知道从什么时候开始，小曼学习就不怎么认真了，写作业经常磨磨蹭蹭，一点儿效率也没有，为此妈妈经常监督着她，想方设法让她把心思放在学习上。眼看放下笔磨蹭没有了希望，于是她就开始找各种借口来拖延时间。

一个周末，妈妈给小曼布置了学习任务，并且给她规定了时间，下午四点才能放她出去玩。可是小曼一心只想着出去玩，根本没有心思学习，于是她想尽办法磨蹭，开始拖延时间。只见她刚坐下一会儿就站起来："妈妈，我要喝水。"过了一会儿，她又站起来："妈妈，我要上厕所。"看着她不停地起来坐下，妈妈说："你把自己所有的事情都解决好，然后坐那儿就别再起来了。"能起来走动的

113

理由都已经用得差不多了，小曼又开始惦记起了中午饭，不停地说："妈妈，我饿了，什么时候吃午饭呀？"……就这样，整整一个上午，她不停地找借口拖延时间，作业只写了一点点。这让妈妈非常生气。午饭过后，小曼借口自己瞌睡了，于是又睡了一个午觉，一觉醒来已经快两点了。这时，她先是洗脸清醒了一下，又做了好多写作业前的准备工作，等她好不容易坐下来，又打算故技重施，喝水、上厕所，妈妈说："你不要找借口拖延时间了好吗？你看看你到现在才写了多少作业？你是不是要把所有的时间都浪费掉了？你觉得把宝贵的时间消耗在你起来坐下的那些借口里，有意义吗？妈妈就问你，你一直这样拖拉，打算把作业留给谁写？……"

妈妈的一番话，让小曼有些羞愧，于是她认真地坐下来，集中精力，很快就把作业写完了。这时妈妈说："你看看，认真学习有一会儿时间就够了，可你却磨蹭了一天，时间都白白流失了，多可惜啊！"

"妈妈，我以后快点儿写，不会找借口磨蹭了。"

"去玩吧！"

当然，在教育孩子的过程中，我们要讲究方式方法。有时孩子的借口虽然有明显的漏洞，但我们直接揭穿，孩子自然无言以对，可是这种做法对孩子的自尊心可能会产生伤害。所以，当孩子有了自己的小心思以后，即使我们非常不满，也要以恰当的方式去教育孩子，让他们明白自己的做法不妥。

　　星期天上午，浩浩说好要帮妈妈打扫卫生。可刚开始做，他就有点儿后悔了，打扫卫生的确不是什么清闲的事，可累人了。于是浩浩就开始想办法磨蹭时间。正当他擦地擦到一半儿的时候，有一个小朋友来找他玩了，于是浩浩干脆把拖布扔在一边，和小朋友玩了起来。听到妈妈买菜回来了，浩浩赶紧拿起拖布，假装继续擦地。妈妈走过来说："怎么这么长时间还没有擦好啊？"

　　"因为有小朋友来玩，所以擦慢了。"

　　妈妈知道这是他为拖延时间找的借口，可是有其他小朋友在场，妈妈也不好批评浩浩，只是对他说："妈妈觉得，既然有小朋友来找你玩了，你就应该抓紧时间把手里的活干完，然后痛快地去玩，这样什么都不耽误。可是你如果擦得很慢，地擦不完，你们也玩不了，这不是浪费时间吗，我说得对吗？"

浩浩明白妈妈的意思，于是不好意思地说："那我抓紧干好了，这样就有更多的时间去玩了。"

晚上，浩浩回到家，妈妈语重心长地对他说："今天有其他小朋友在场，妈妈给你留面子，没有说你，以后不论任何时候，你都不能给拖延时间找借口好吗？"

浩浩郑重其事地点点头。

浪费时间是不对的，任何借口都难以掩饰。遇到类似情况我们要教育孩子珍惜时间，让孩子发自内心地认识到自己的不对，不给自己浪费时间找理由。只有这样，孩子才能树立相应的意识，才能在此基础上懂得做任何事情都要抓紧时间，在任何时候都应该管理好自己的时间，努力提高自己的学习效率和做事的效率，成为一个凡事高效的人。

第六章

以身作则，给孩子做管理时间的好榜样

　　父母是孩子的第一任老师，孩子从懵懂时期就在观察爸爸妈妈的言行举止，然后有意无意地模仿、学习，最终内化成自己的习惯。所以我们的行为对孩子的影响非常大，作为父母，我们必须以身作则，用自己的实际行动去影响孩子，让孩子从我们身上学到正向的时间管理，比如按时起床、少看手机、合理规划时间、按时完成工作任务等，这些都会成为孩子学习的榜样，只有这样，孩子才能逐步建立自己的时间观念，懂得如何去管理自己的时间。

按时起床，给孩子做好表率

　　家庭是孩子的第一所学校，父母是孩子的第一任老师。孩子的思想观念和行为习惯往往受父母的影响，尤其和他们的教育方式有很大关系。所以我们在教育孩子的过程中，要特别注意自己的行为会给孩子造成什么影响。如果我们想让孩子管理好自己的时间，就要以身作则，给孩子做好榜样。所谓润物细无声，孩子在潜移默化的影响下，会自然而然地养成良好习惯。

　　婷婷妈妈是一个非常自律的人，她每天晚上 10 点必须睡觉，早上 6 点必须起床，十几年如一日，从未改变。她常说，按时睡觉、按时起床，一个人的生活才有规律。

　　每天起床之后，妈妈就会做好早餐，然后按时叫婷婷起床。在妈妈的影响下，婷婷想偷懒也不行，每天到时间妈妈就来了。时间久了，婷婷也养成了按时起床、按时睡觉的习惯，一到时间就醒了。

　　一次，妈妈有事需要外出，于是把婷婷放在舅舅家待两天。早上，婷婷很早就起床了，然后洗漱完毕，写起了作业。等舅妈起来时，她已经写了好一会儿。见婷婷如此乖巧懂事，舅妈赶紧去叫自己的孩子起床，可三五遍过后，他还是没起。

妈妈来接婷婷的时候，舅妈夸奖说："婷婷真是一个自律的孩子，每天早上比我起床还早，然后自己就写作业。我家那孩子每天早上都得叫好几遍才起床，周末更是一上午都在睡觉。你是怎么教育的？"

"我也没怎么刻意教育她，我每天就起得很早，然后叫她起来吃饭，晚上到时间就让她睡觉，时间久了，她就养成了按时睡觉和起床的习惯。"

"哦。这样啊，我是喜欢睡懒觉，可能孩子也随我了。"舅妈不好意思地说。

"你要想让孩子按时起床，首先你就得起来，否则孩子看见你起得晚，他自然也不想早起，这样你想让他珍惜时间可就难了。"婷婷妈妈诚恳地说道。

　　习惯的养成并不是一朝一夕的事情，我们对孩子教导和监督也要有长久的耐心。如果我们在时间管理上不能坚持，那孩子也会学着半途而废。珍惜时间对每一个人都有着非凡的意义，我们不能把时间都消耗在被窝里，更不能让孩子的大好时光都浪费在睡懒觉上。

　　乐乐的妈妈是一个很喜欢睡懒觉的人，让她早起简直比杀她还难受。所以，平时她总是睡到日上三竿才起床。乐乐看到妈妈这样，也每天睡到非得起床不可，然后洗漱出门，跟爸爸简单买点儿早餐吃。如果到了周末，她也跟着妈妈一直睡，即使醒来了也懒得动，会一直躺在床上。人们常说一天之计在于晨，可乐乐家的早上从来都没有过一家人围在一起吃早饭的时候。

　　一个周末，学校安排了一次很重要的活动，需要全体学生参加。活动定在 9 点开始，所以乐乐妈妈就放松了，心想等闹钟响了就起来收拾，时间完全来得及。然而，妈妈因为睡得晚，早上睡得太香了，根本没有听见闹钟响，乐乐也睡得很沉，早已忘记了活动的事情。结果一觉醒来，活动时间早就过了。

　　得知自己迟到了，乐乐开始号啕大哭，说道："都怪你，你不早点儿叫我，现在去已经晚了。"

"你自己不是也没惦记着起来吗？"

"人家别人都有妈妈叫起床，可你根本就不管我！"

"你自己不会起床吗？"

"你在那儿睡觉，一点儿动静也没有，我怎么能起得来呢？"

有了这次的教训，乐乐妈妈也确实认识到了睡懒觉不仅耽误时间，也给孩子造成了不好的影响。从那以后，为了乐乐，妈妈开始艰难地早起，并且按时叫乐乐起床。一段时间后，她们发现，按时睡觉和起床的确是个好习惯，再也不用慌慌张张了。

在教育孩子的道路上，我们不仅要给他们吃饱穿暖，同时还要做好表率，让孩子养成好的生活习惯。当他们贪恋被窝，不想起床的时候，看到我们忙碌的身影，闻到我们准备的早餐味儿，他们就会有起床的动力，并在不知不觉中养成按时起床的好习惯。

少看手机，不给孩子做错误示范

手机在人们的生活中占据着重要地位。通过手机，我们可以联系别人，进行商务办公，还能透过手机了解世界。手机带来的精彩，使人们越来越离不开手机，人不像是手机的主人，反而像是手机的奴隶。在手机的吸引下，无论何时何地，人们只要有空闲就会看看手机，玩玩手机，甚至还有很多人玩手机上瘾，不干正事，在手机上消耗了大量的时间。很多孩子的父母也时时刻刻离不开手机，他们的行为给孩子做了错误的示范，让孩子也逐渐在手机面前沉沦。

最近，强强迷恋上了手机，只要一有机会，他就会拿起爸爸妈妈的手机玩一会儿，完全忘了还有家庭作业需要去做，任凭时间如流水般消逝。如果这时爸爸妈妈发现了，让他去写作业，他就会说："为什么你们能看手机，我就不能看呢？"

这时爸爸妈妈往往无言以对，只好说："我们是大人，你是小孩儿，你还有作业要写。"

"可你们就没有事情可干吗？"之后，爸爸妈妈不知说什么好，只好强行命令他放下手机。虽然强强被逼无奈去写作业了，可是他却并不情愿，他认为自己没有错。

其实，强强喜欢玩手机，不珍惜时间完全是模仿他的爸爸妈妈。每天下班回家，爸爸就躺在沙发上玩手机，什么事儿都不干。妈妈把家里收拾好之后，也同样躺在那里玩手机，就好像他们一天的生活除了工作和吃饭就是玩手机，永远有那么多悠闲的时间一样。

一天晚上，妈妈一边玩手机一边监督强强写作业。强强一会儿要喝水，一会儿要上厕所，就是不能安心写作业。妈妈看到这个情况非常生气，对他说："你好好写一会儿行吗？为什么要磨蹭着浪费时间呢？"

"我没有浪费时间。"

"你不停地喝水、上厕所，就是故意浪费时间。"

"那你玩手机就不是浪费时间吗？"

妈妈无言以对，一生气不再管他了，强强也干脆把作业扔在那里不写了。

其实，孩子身上的坏习惯很多时候都是在大人的影响下养成的。孩子迷恋手机有很多危害。比如，手机蓝光对眼球的伤害非常大，手机里的不良信息可能影响孩子的三观，沉迷手机也会让孩子把大量的时间都投入进去，造成时间的浪费，让孩子的时间管理处于失控状态。

过去，萌萌的爸妈也很喜欢玩手机，基本上回家一闲下来，就会拿出手机玩。有时候，萌萌想找他们玩，爸爸会说："找你妈妈去。"妈妈有时会说："你作业还没写完呢，赶紧写作业。"于是萌萌便无趣地走开了，可还是磨蹭着，不想写作业。爸爸妈妈总是这样，所以萌萌的性格越来越内向，不怎么愿意和人交流。

一次，学校召开班会，主题就是"放下手机，给孩子最好的陪伴"。当老师讲到"孩子上了小学，家就是孩子的晚上；上了中学，家就是孩子的周末；上了大学，家就是孩子的寒暑假；工作以后，家就是孩子的春节"时，这番话让萌萌爸妈深受触动，从那一刻开始，他们决定要好好地陪伴孩子。

　　回家以后，爸爸妈妈商量，以后下班回家，手机就统一保管起来，非必要不再拿出来，然后安心地陪伴孩子。他们告诉萌萌："咱们在一起的时光会越来越少，我们都要珍惜时间，不能浪费了我们美好的日子。爸爸妈妈不会再把时间浪费在手机上，你也不要再把时间浪费在磨蹭上，这样咱们就有足够的时间在一起玩了。"

　　听了这话，萌萌开心极了，写作业也认真了很多，效率也提高了。看着萌萌的变化，爸爸妈妈真真切切地感受到：享受亲子时光远比在手机上虚度光阴更有意义。

　　为了孩子，我们必须要放下手机，不给孩子做错误的示范。当我们空闲时，可以用看书来代替手机，也可以发展自己的兴趣爱好，这些都能给孩子积极的影响，他们自然也会远离手机，向爸爸妈妈看齐。这样在我们教导孩子的时候，孩子才会信服我们，更愿意配合我们。

合理规划，告诉孩子如何节省时间

关于如何节省时间，提高时间的利用效率，著名数学家华罗庚曾在他的《统筹方法》中做过一番探讨。

其中提到，"比如，想泡壶茶喝。当时的情况是，开水没有；水壶要洗，茶壶，茶杯要洗；火已生了，茶叶也有了。怎么办？"最好的方法就是"洗好水壶，灌上凉水，放在火上；在等待水开的时间里，洗茶壶、洗茶杯、拿茶叶；等水开了，泡茶喝"。

在这里，华罗庚爷爷给出了一个清晰的时间规划方案。可见，节省时间重在规划。孩子统观全局的能力还不够好，身为父母，我们应该尽早教会孩子合理规划，科学地、高效地管理时间，凡事都要像华罗庚爷爷说的那样，尽量提升我们的时间使用效率。

周末，童童兴冲冲地跑到妈妈面前说："妈妈，老师给我们布置了一个家庭作业——帮妈妈打扫卫生，然后发图片评比，看谁做得最好。"

"这可真是一个好消息。好吧，那今天家里打扫卫生的任务就交给你了。你需要扫地、洗衣服、擦家具、整理床。"

　　"好的，没问题。保证完成任务！"

　　说完，童童就开始忙了起来。她干的第一项工作就是扫地。只见她很认真地扫着边边角角，没一会儿工夫，就把地扫干净了。接下来，她开始干第二项工作——擦家具。只见她用抹布到处擦，结果餐桌、茶几上的零碎垃圾又掉在了地上，她又开始扫地。妈妈在一边提醒说："你刚扫完地现在又掉了很多，现在又得扫，那刚才是不是就浪费了时间呢？所以你做事情得安排好顺序，这样可以节省时间和力气。"童童点点头。

　　接下来，她又开始洗衣服，把衣服放进洗衣机后，她就站在边上等着。妈妈看见了，笑着说："傻孩子，你这样干等着不是浪费时间吗？趁这会儿工夫你去整理床，等衣服洗好了，一晾晒，所有的活不就都干完了？"

　　"是哦！"童童不好意思地笑了。

　　教育孩子重在引导和示范，授人以鱼，不如授人以渔，就像童童妈妈那样，一边鼓励孩子做家务，一边从旁指导，教会孩子合理安排时间。然而有些父母习惯给孩子安排一切，他们总是把所有的事情都安排好，然后让孩子按部就班地去做。事实上，这对孩子的成长帮助并不大。我们要引导孩子学着我们的样子，去规划一件事情，试着寻找节省时间的方法，逐渐掌握管理时间的合理方式。

过去，岚岚的妈妈对她的照顾总是无微不至的，什么事情都会帮她干，从来不用岚岚动手。上小学以后，岚岚的动手能力很差，做事情也不懂得合理安排。爸爸妈妈觉得这样下去，岚岚将来可能什么都做不好，于是就想试着让她自己做点儿事情。

　　可是，岚岚做什么事情都有各种借口，例如：这件事情感觉很烦琐，一定得费好长时间，我还要写作业；这件事情怎么可能一下子做完嘛……每当她这样说，妈妈就直接替她做了。

　　一次，妈妈正在做饭，突然发现盐不够了，于是就派岚岚去楼下超市买。看她出门，爸爸赶紧说："把我的快递也拿上来，顺便再到门口水果摊买几个苹果。"岚岚很不高兴地说："我还要抓紧时间写作业呢，做不了那么多事情。"

　　"下楼也就几分钟，耽误不了你多长时间。"爸爸语气坚定地说。

　　岚岚气鼓鼓地往楼下走。

　　看女儿不开心了，妈妈就想替女儿下楼，爸爸立马拦住了她，说应该让岚岚锻炼一下。

　　过了一会儿，岚岚气喘吁吁地送回来一袋盐，然后又打算去办另外两件事情。看着她这个样子，爸爸忍不住说："你这样来回跑，把时间都浪费在路上了，你就不能把事情都办完再回来？这样不是可以节省很多时间吗？"

　　听了爸爸的话，岚岚表现出一副恍然大悟的样子。

　　在楼下，岚岚拿了快递，然后又去买苹果，回来的路上她想，

看来自己以后真得学会统筹安排时间啊，自己以前真是太笨了，幸亏爸爸这次教会了自己。想到这儿，岚岚开心地笑了起来。一旁的阿姨还以为岚岚怎么了呢！

经过这件事后，岚岚逐渐养成了统筹规划时间的好习惯。每次做事情妈妈想要代劳的时候，她都婉言拒绝，她想要管理好自己的时间了，希望凭自己的努力做好事情。

看到岚岚的变化，爸爸妈妈又高兴又欣慰。

节省时间对孩子来说非常重要，因为这样不仅可以避免浪费时间，孩子还可以用节省下来的时间做很多有意义的事情，这对孩子的成长是极有帮助的。这样的孩子,其学习和工作效率往往会高于其他人。当然,孩子调配时间的能力,需要家长在日常生活中一点点地培养,并创造机会让孩子亲身实践,只有这样,让孩子学会时间管理才不会沦为一句空谈。

少说多做,不苛责孩子

有很多父母在孩子浪费时间的时候,不会耐心教导,正确引导,而是不停地苛责。这种教育方式对孩子的成长意义并不大,甚至还会起到反向作用。他们希望孩子能够管理好自己的时间本身没有错,然而,孩子对时间的概念本就不太清晰,无意识中造成的时间浪费在所难免。因此,当孩子出现类似问题以后,我们先不要苛责孩子,而是要耐心地引导示范,告诉孩子什么是对、什么是错,这样孩子才能在良好的亲子关系中慢慢进步。

周末,老师给孩子们布置了手工作业——做活动日历。活动日历其实很好做,只需要做 4 个大小相等的正方形,然后在上面写上字即可。于是,妈妈给小南找来了手工视频,让他对照着做。

很快,小南就开始做第一个。只见他拿着剪刀不停地剪,一会儿比一比，把大的又剪去一些，过了好半天，第一个的形状还没有剪出来。妈妈看到之后，很生气地说："这半天了你还没做出第一个，简直笨得要命，你难道不会用尺子和笔吗？"说完自己就去忙了。

　　挨了批评的小南心想反正也做不好，干脆不做了；可想想这是老师布置的，不做又不行。于是，小南找来了尺子和笔，不过他还是不知道怎样下手。又过了好长时间，他还是没有画出来，于是开始有些懊恼了。爸爸看到了他的样子，默默地走过来，拿起笔对他说："你看，你应该先把每条边的长度计算出来，然后用尺子量着去画，这样长度就相等了。"爸爸一边说一边比画着，小南马上知道怎样做了，于是拿过笔自己画了起来，很快就做好了。

第二个要开始了，小南还是照着爸爸教的方法去做，他觉得这是最简单的方法。可是爸爸又说："既然几个正方体是相等大小的，你比着第一个做好的边缘去剪，不是能省下很多时间吗？"

"对哦。"小南有点儿恍然大悟的感觉，于是很快剪好了剩下的 3 个。

父母过多地苛责孩子，会伤害到孩子的自信心，打击他们的积极性。就像小南的妈妈那样，面对小南遇到的困难，她不是去引导和帮助，而是站在自己的角度苛责孩子，这样非但起不到帮助孩子的作用，反而会挫伤孩子的自信心，迫使他们放弃行动，造成更加不利的后果。同理，当孩子学着管理自己的时间时，我们要给予孩子鼓励，适当的时候再给予指导，就像小南的爸爸那样，这样孩子就会做得越来越好了。

一天，妈妈抱着一堆脏衣服正打算洗时，公司领导突然打来电话，说有一个紧急事务需要妈妈过去处理一下。见妈妈马上就要出门，萍萍就说："妈妈，今天的衣服我来洗吧。"

"也行，正好你可以练习一下洗衣服。你洗完一件记得换干净的水，洗之前先用洗衣液泡一泡，这样去污效果好。"

"好的，妈妈，我知道了。"

妈妈出门之后，萍萍就开始洗衣服。她正要用小盆洗，突然想到：用这么小一个盆，洗一件泡一件，可能一上午也洗不完。要是我用一个大盆，把所有的衣服都一起泡，这样不是能省很多时间吗？
于是她找来一个大盆，倒上洗衣液，然后用手搅匀，把所有的脏衣
服都泡了进去。过了一会儿，萍萍便开始一件件洗了——"糟糕，
那件白色的衣服染上了黑色！"她大声地叫了起来，赶紧拿过盆来
使劲揉搓，可无论她怎样努力，那件衣服都变不回原来的白色了。

　　妈妈回到家以后，看到晾在院子里的白衣服，立马生气地指责
起来。萍萍说："妈妈，我原本是想节省时间的，没想到那个衣服
会染色，结果就搞砸了。"

　　"那你就不知道黑色和白色不能一起洗吗？"

　　"我真的不知道。"

　　"以后洗衣服你就一件件洗吧，不要自以为是地节省时间了。"

　　从那以后，萍萍再也不敢把所有的衣服都泡在一起了，即使都
是黑色，她也不那样做了，以免再被妈妈苛责。

　　有时候，孩子做事情是需要我们肯定的，即使他们做错了，也
不应该过多苛责。父母是孩子最好的榜样，所以我们凡事都要做给
他们看，耐心地教他们，让他们学习，这样对孩子更有说服力。而
不是像萍萍妈妈那样……

暗中观察，引导孩子合理安排时间

孩子在成长过程中，对时间的认知有一个过程，在这个过程中，父母的反应不尽相同。有的人对孩子百般呵护，生怕孩子受到一丁点儿挫折与失败，把一切都为孩子安排好，把孩子养成了温室里的花朵，使孩子毫无时间观念，完全无法自理；有的人喜欢放手让孩子成长，然后默默在背后给予孩子关怀和帮助，当孩子在事物的认知上出现偏差时，能够从旁给予指导，帮助孩子建立正确的观念。显然，后一种方式对孩子的成长会更好一些。

好不容易盼到周末了，欣欣非常开心，因为周末的时候她和爸爸妈妈就可以去看奶奶了。可是这个周末妈妈比较忙，她需要去超市给奶奶家买菜，去趟银行，再去看个病人。所以妈妈说今天要晚点儿去奶奶家。欣欣听了满脸不高兴，嘟囔着说："为什么要晚去呀，你可以好好安排一下时间呀。"

"怎么安排？今天就交给你安排一下吧！你要能安排好，我当然愿意早点儿去奶奶家了。"

"我安排就我安排，不过你得听我的。"

"只要时间安排合理，我就听你的。"

欣欣想了一会儿说："妈妈，你看这样行吗？咱们首先去超市，买好去奶奶家的菜和看病人的礼物，然后你把我送到奶奶家。之后你再去银行，再去看病人。"

"你这个安排倒也可行，不过有一点你没有注意到，那就是路程。银行在咱们从奶奶家回来的路上，而医院比奶奶家还远，所以我先去银行，再去看病人就会多走很多路程。所以你应该计划咱们早一会儿从奶奶家返程，然后顺路去银行，这样是不是更好呢？"

"对，这个计划更完美，就这样办吧。我要去奶奶家喽！"欣欣说完，高兴地去收拾东西了。

合理安排时间对孩子的成长意义非凡。一方面，时间安排合理就能避免浪费时间。孩子的时间很宝贵，他们合理利用时间可以提高学习效率，取得更大的进步；另一方面，孩子会合理安排时间，表明他对一件事情的整体把控能力较好，将来走进社会，也能更快地进入角色，干好自己的工作。

丽丽的爸爸妈妈都是企业高管，管理能力都很强。他们希望自己的孩子将来也能够精明强干，办事效率高，所以他们从小就注重对孩子这方面能力的培养。

爸爸觉得，衡量一个人的办事能力如何，时间管理是一个很重要的指标。他告诉丽丽，做什么事情都要安排好时间，不能让宝贵的时间无端浪费。为了锻炼丽丽，家里有事情需要安排时，只要不是什么特别重要的事情，爸爸妈妈都会交给她去做。当她做好安排之后，爸爸妈妈觉得哪里有不足的地方，会适当地提醒她优化改进。如果安排合理，他们就会按照她的想法执行。久而久之，丽丽成了办事小能手，在时间上特别会"精打细算"。

在学校，丽丽也彰显出很强的办事能力。班级活动，她总是出谋划策，安排节目，计算时间，让老师对她刮目相看，于是让她做了班长，协助老师管理班级。

同学们经常会问她："为什么你想问题总是那么周到，事情安排得总是那么合理？你的爸爸妈妈是怎么教你的啊？"

"其实爸爸妈妈没教我什么，只是在家什么都让我干，让我安排时间，听我的，他们常说我是家里的小司令，不仅要领导他们，还要领导好他们。"丽丽乐呵呵地回答。

我们能够呵护孩子一时，却不能呵护孩子一生，所以我们要教会孩子更好地去生活，更好地安排自己的时间。孩子会合理安排时间，能够管理好时间，生活就会井井有条，做事轻松而高效，就能幸福地生活。

父母以按时完成工作的行为，告诉孩子什么叫守时

守时是一个良好的生活习惯，这个习惯通常是在一个人的成长过程中逐步培养起来的。当一个孩子成为一个守时的人后，他就能更加从容地面对生活，也能赢得他人的信赖。因此，我们要给孩子树立守时的榜样，按时完成工作，潜移默化地去影响孩子，让他们养成守时守信的好习惯。

小叶的爸爸是一个公司的程序员，每天工作都特别忙，有时候晚上还要加班。

　　一天晚上，小叶在书房写作业，爸爸在他旁边做程序，两个人一起忙碌着。快到10点的时候，小叶有些困了，今天白天上体育课时，他跑了好久，实在是有些累了，于是就对爸爸说："爸爸，我不想写了，我想睡觉。"

　　"那你写完了吗？"

　　"没有呢。"

　　"那么老师让你什么时间交呢？"

　　"明天。"

"那你今天不写完明天打算怎么交呢？"

"其实晚交一会儿老师也不会说什么的。"

"做人就要守时，如果老师说好 8 点上课，结果晚来 10 分钟，你们会怎么想呢？"

"那我明天早上起来写吧。"

"今天应该做的事没有做，明天的事情肯定也会受到影响。更何况你每天早上都早起不了，所以还是今天做完吧。你看爸爸答应公司明天交程序，即使我现在已经很累了，可还是得坚持做完，做人必须守信守时，这样不仅可以避免浪费时间，还让别人愿意信任你。"

"爸爸，我知道了。"

"你去洗把脸，活动一下，困意就没有了，然后再来写作业。记得下次写作业要快一些，认真一些，这样就不会睡太晚了。"

后来，小叶的作业写完了，可爸爸的工作还没有完成，于是小叶先去睡觉了。躺在床上，看着书房里的灯光，小叶心中有种说不出来的感觉，心想：我一定要像爸爸一样，做一个守时的人。

如今，很多人工作压力大，回到家之后会稍微放松。这时，他们做什么事情都懒得动，答应过孩子的事情也一拖再拖。这样不仅会失去孩子的信任，同时也给孩子起到了不好的示范，让孩子错误地认为，既然你可以不守时，那我为什么不可以呢？因此，我们在孩子面前必须守时，即使有些事情没有做到，也要给孩子解释，得到他的理解，这样才不会导致反向教育。

　　周末，糖糖午睡醒来之后，开始试穿自己的衣服。她想挑一件最漂亮的，因为爸爸答应她下午3点钟要去公园玩。那个公园有一个水上乐园，可好玩了，她已经想去很久了，所以心情非常激动。换好衣服以后，她就开始等着爸爸，对着钟表一分一秒地数。

　　其实爸爸公司里的事早就忙完了，可他在回家的路上遇到个朋友，二人许久未见，于是聊了起来。他想，去公园早点儿晚点儿都可以，于是也没有主动跟朋友提这件事，只等聊完了再回家。

　　糖糖在家里左等右等，3点早就过了，可爸爸还没有回来，于是她让妈妈给爸爸打电话，问问他什么时候回来。爸爸在电话里说再过10分钟，这下糖糖的心才稍微安定了一些。又过了一会儿，爸爸还是没回来，糖糖再次打电话，爸爸这才与朋友告别，赶回家来。

　　等爸爸进门后，已经快4点钟了，糖糖一脸不高兴，爸爸却说："一个玩的事儿，几点去都行呀，不至于那么计较吧？"

　　"可是你明明答应3点的，你看看现在几点了？我白白等了你一小时，你把我的时间都浪费完了。"

　　爸爸就是这样一个不守时的人。无论跟谁相约，他经常晚到，甚至约好的事情干脆取消。在他的影响下，糖糖也经常不守时，跟同学说好在小区见面，总是让对方等好久，后来就没有人再相信她了。每当有同学向她抱怨，她总是学着爸爸的腔调说："不就是玩嘛，晚一点儿有什么关系呢？"

自己不守时，不仅浪费自己的时间，同时还会浪费别人的时间，所以不守时的人很难获得他人的信赖。作为父母，我们要以身作则，按时完成好自己的事情，这样孩子才会在我们的影响下做好自己该做的事情。在教育孩子守时时，父母不光要说，还要去做，并且尽量做好，用自己的行为去影响孩子，让孩子看到正确的示范，然后按照我们的做事方式学着做自己的事，就能慢慢养成守时的好习惯了。

第七章

因材施教，直面孩子的懒惰心理

　　针对孩子浪费时间的问题，我们必须根据孩子的具体行为，有针对性地采取合适的方法来解决。孩子产生懒惰心理的根源是不同的，我们必须找准相应的根源，然后采取行之有效的方法，加以解决。我们在告诫孩子珍惜时间时，要灵活掌握，因材施教，或表扬或奖励或激励或培养，这样孩子才易于接受，才能尽快摆脱懒惰心理。

孩子心情愉悦时，更愿意积极行动

俗话说，人逢喜事精神爽，心情对于行动力有着重要的影响作用。大人是这样，孩子也是如此。当孩子心情愉悦时，他们会更愿意去做事，这就是为什么鼓励的作用要大于批评的作用。一旦孩子行动积极，他们做同一件事的速度也会提升不少，这样就可以节省很多时间，提高效率。在此过程中，孩子的懒惰心理往往也会烟消云散。

周末，爸爸有两件衣服要洗，就对女儿琪琪说："闺女，爸爸有两件衣服要洗，你帮我洗了吧。"琪琪听了以后，不太想去，可是爸爸既然说了，她也不好直接拒绝，于是就"哦"了一声，把衣服拿走去洗了。因为心里不高兴，所以她一边洗衣服一边想事情，手里不断磨蹭着，衣服好半天也没有洗好。虽然爸爸几次提醒她快点儿洗，别浪费时间，可她就是提不起速度来。

这时，爸爸在客厅的茶几上看见了琪琪看的书。书还没有看完，看过的部分用一个水杯压着。他猜想琪琪一定需要一个书签，于是问道："闺女，你没有书签吗？"

"嗯，之前买的都坏了。"

"那爸爸再给你买几个吧！"

"太好了，谢谢爸爸。"

从琪琪的语调中，爸爸就听出她一下子开心了。之后，二人各自忙着。没过几分钟，琪琪就拿着洗好的衣服去晾晒了。爸爸惊讶地问："你都洗干净了？"

"对呀。"

"这么快？"

"我没觉得快啊，或许是我想到我的书签，一开心就洗快了。"琪琪笑着回答说。

每个孩子都喜欢被关心、被夸奖、被肯定，这种心理会带给孩子强大的精神动力。所以在教育孩子时，我们应该好好利用这一点，当他们做事情磨蹭时，不要简单地苛责，而是换个角度去鼓励、关心孩子，让孩子开心，这时他们的排斥情绪就不会那么强烈，自然愿意去做了。

今年，聪聪上一年级了。从幼儿园升到小学，环境变了，身份变了，一切都让他觉得不适应。尤其学习任务一下子加大了，更让他难以接受。每当要写作业时，他就开始磨蹭着不写。几乎每天晚上都要磨蹭到10点多，妈妈陪在身边也困到不行。

好几个星期聪聪一直这样，眼看时间被他一点点浪费掉，成绩也跟其他同学一点点拉开距离，妈妈心急如焚。于是每当他磨蹭着不写的时候，妈妈就开始责骂："你看看你这个学习态度，这样能学好吗？"

"作业那么多。"

"别人怎么不觉得多呢？你不能有这样懒惰的心理。"

无论妈妈怎样说，聪聪始终提不起精气神儿，玩的时候无比欢乐，一坐到书桌前就好像霜打的茄子。后来，有朋友提醒妈妈，孩子还是要多鼓励，批评与苛责反而会让孩子越来越没有信心。只有孩子心里高兴了，他才愿意去做事情。孩子主动了，速度也就快了。妈妈决定试试这个方法。

一天，聪聪正在写生字，写一个字磨蹭半天，妈妈正想生气，忽然想到了朋友的话，于是凑到跟前说："哟，今天这个字写得有进步！"

聪聪先是一惊，然后说："是吗？"

"嗯。"妈妈肯定地点点头。之后他又快速地写了几个，问道："这几个呢？"

"也不错。"

得到肯定的聪聪心里高兴极了，一口气写完了所有的生字。妈妈见鼓励孩子果然有效果，于是又说："今天生字完成得真快，非常棒，要是以后能保持住就更好了。"

"我会写得越来越好的。"说完，聪聪高兴地开始写其他作业了。

每一个孩子都希望被肯定，渴望被关心、被关注，所以教育孩子，我们首先要做的就是让孩子从内心深处感受到我们对他们的关心和肯定，只有这样，他们的积极性才能被激发，做事效率才会因此而提高。在这样的状态下，他们不管是做事还是学习，都能有效提高时间的利用率，都能轻松而高效地完成。

激发孩子的兴趣可提高他们做事的效率

兴趣是孩子最好的老师，有了兴趣之后，孩子才会主动去思考，想办法解决问题，克服困难，从而提高学习与做事效率。纵观那些著名的历史人物，如张衡从小爱仰望星空，长大后成为著名的科学家，再如李时珍从小热爱研究草药，终于写成了《本草纲目》……我们不难发现，所有伟大成就的背后，一定有着成就者自身强烈的兴趣。所以，兴趣对人的影响至关重要。

如果孩子能够把学习看成一件有乐趣的事情，那他自然就会对学习形成一个正面的印象，积极主动去学习，甚至去研究学习本身。所以我们想让孩子好好学习，爱上学习，首先要激发孩子的学习兴趣。

小波是班里出了名的"捣蛋鬼"，不认真听讲，不好好完成作业，对学习提不起兴趣。刚上小学时，妈妈觉得是孩子对学习和生活不适应，才会这样，所以妈妈对小波的情况也没有多加干预，觉得随着时间的推移，小波会慢慢爱上学习的。可现在小波已经二年级了，他不仅没有变好，而且对学习越来越没有兴趣了。这时，妈妈才开始着急起来，到处向别人讨教学习方法，大多数人的回答都是想办法激发孩子的学习兴趣。

可是，激发学习兴趣谈何容易？妈妈冥思苦想，始终不得其解。后来还是爸爸一语点醒："小波就喜欢玩游戏，咱们就跟他做游戏好了。"之后，他们就开始用心编排游戏，想办法把知识跟游戏结合起来。于是，他们把生字做成各种卡片，例如变换偏旁部首组新字，生字卡片组各种词语等，一家人把学习生字玩成了扑克游戏。

小波很喜欢玩这个游戏，玩过几次后，小波的兴趣越来越高，这时爸爸妈妈开始提要求：如果组词失败，就要接受"惩罚"，失败一次，做一道数学题，并且必须做对，否则继续接受惩罚。

就这样，小波的语文基础和数学基础在游戏中得到了提升，渐渐对学习也没有那么排斥了。慢慢地，每次课堂小测试，小波的成绩都不错，这让他更加有信心了。

一个人的心态决定了他的行为。如果孩子对学习始终不能保持积极与热情，经常是三分钟热度，那就说明学习对他来说还没有足够的吸引力，这时，我们绝不能掉以轻心，需要继续激发孩子的兴趣。相反，如果这一时期我们以为孩子已经产生了兴趣而随即放手，那最终"三分钟热度"可能就会变成两分钟、一分钟，到最后完全失去兴趣，这显然是功亏一篑的。

上幼儿园时，小亮基本上没什么作业，每天过得非常轻松，经常拿着爸爸妈妈的手机看，爸爸妈妈对他的管教也不是很严格。上了小学以后，小亮还是很喜欢看手机，对学习没什么兴趣，眼看着他在学习上一点儿都不努力，爸爸妈妈很是着急。

为了培养孩子的学习兴趣，爸爸妈妈降低了对小亮的要求，他只要每天把学过的东西掌握牢固就行；也缩短他的学习时间，不像别人那样要求孩子一鼓作气写完，而是答应他写半个小时就可以休息一下，循序渐进。

因为不用一口气写完作业，小亮也没那么累了，所以对学习的排斥感也不那么强烈了。爸爸妈妈看到他这个样子，觉得他已经对学习产生了兴趣，以后会越来越好，于是也不再每天管着他了。然而小亮并没有按照爸爸妈妈的想法去发展，他信心满满地学了几天之后，心思又不在学习上了，写半个小时作业就开始玩，一玩就忘

记了时间，什么时候爸爸妈妈提醒，他才不情不愿地坐回到书桌前。再后来，他写作业的时间越来越短，即使坐在那里写，也是一会儿看看这儿，一会儿摸摸那儿，不停地磨蹭。

这次兴趣培养就这样失败了。妈妈说："可能是我们放手太快了，孩子刚有一点儿学习的热情，我们就撒手不管了，如果多坚持一段时间，或许就会好了。"于是他们开始计划下一轮的兴趣培养，争取能一次成功。

做自己感兴趣的事情，孩子的心情往往是愉快的，愿意配合，并愿意一直坚持下去。如果他们对学习的课程产生了兴趣，学起来就会非常轻松，成绩自然会很好，从而形成一个良性的循环。所以学习如同闯关，兴趣就是艰难的第一关，我们需要通过有趣又有效的方法引导孩子爱上学习，只要我们帮助孩子闯过关去，未来的路就轻松多了。

设置挑战，激发孩子的求胜欲

每个孩子都是一座未知的宝藏，他们有着非常大的发展潜力。只要我们培养得当，孩子的未来就有无限的可能。当孩子出现畏缩不前、消耗时间的懒惰心理时，我们要激励孩子去努力奋斗。通常来说，给孩子设置挑战就是一个不错的方法，它能激起孩子求胜的欲望，从而抓紧时间去完成各种挑战。

超超在学习上一直不怎么用心，成绩平平。他平时写作业总是磨磨蹭蹭、心不在焉，妈妈很想给他鼓鼓劲儿，把成绩提上去，可一直找不到什么好方法。

最近几天，超超总是吵闹着要去游乐场玩，妈妈一直没怎么理会他。一天，他不好好写作业，又说起了要玩的事情，于是妈妈随口说道："你先把学习搞好吧，这次期中考试，只要你每科成绩比上次高 5 分，我就带你去游乐场玩。"妈妈以为超超听了之后会生气懊恼，可让她没想到的是，超超居然精神一振："说话算话吗？"

"当然算，只要你能做到，我一定带你去。"

"那我就挑战一下自己，争取拿个非常棒的成绩。"

"你只要战胜自己，比上次高 5 分即可。"

"一言为定。"

从那天以后，超超学习上明显认真了很多，精神头儿很足，每当写作业烦躁的时候，他就会默默地告诉自己："这次一定要去迪士尼玩。"慢慢地，他发现其实好好学习也没有想象中的那么难，只要认真起来就行。

后来的期中考试，超超果然达到了妈妈给他提的要求，妈妈也兑现了自己的诺言。看着超超在迪士尼开心地玩耍，妈妈觉得给孩子设置挑战的方法的确很有效，孩子的求胜欲会激励他不断努力。

掌握了这个方法以后，妈妈经常会给超超设置一些挑战，超超也不断地超越自我，不论是学习还是生活上，都有了明显的进步。

孩子的好胜心完全不输大人，有时甚至比大人还要强，所以用这一方法来激励孩子是很不错的选择。然而，孩子的承受能力毕竟有限，如果我们设置的挑战难度太高，孩子努力过后依旧无法实现，这时，他们的自信心就可能遭到挫败，不愿再进行挑战，甚至对各种挑战变得不再感兴趣。如果真的是这样，那就会适得其反，给孩子造成不利影响。

思思从小就有好胜心，看见别人比自己优秀，她就会试着让自己也变得优秀。妈妈觉得虽然这样的性格可能会给思思带来很大的压力，但也可能因为求胜欲而让思思变得越来越优秀，所以妈妈总是利用这一点不停地激励思思。

妈妈也是一个好胜心很强的人，她希望在自己的教育下，思思能成为一个完美的孩子。因此，她对思思的要求非常严格，凡事都让她超过别人，做到最好，有时甚至不顾及思思的感受。比如，她看见有人画画很好，就让思思去学，并且要求她画得更好；看见有人干家务很好，她也给思思安排，并要孩子争取全面超过别人……虽然思思也很想做好，可妈妈的高要求还是让她备感压力。

在学习上，妈妈对思思的要求也非常高：每次考试必须考班级第一名。这对思思来说可是不小的考验，毕竟班级里同学那么多，成绩优秀的同学比比皆是，自己想要名列第一，必须得付出千辛万苦的努力才行。为了挑战自己，不让妈妈失望，思思总是争分夺秒地学习，丝毫不敢懈怠。可是天外有天，人外有人，班里有两个同学的成绩始终是思思超越不了的。为此，她很苦恼。

一天，她学习太累了，于是对妈妈说："妈妈，我觉得你设置的挑战实在太难了，我真的超越不了。"

"不要灰心，抓紧时间学习，一定能战胜他们的。"

可是，面对一次次挑战失败，思思的自信心越来越弱，最终导致她完全不想再努力了，学习成绩开始不断下滑。

总之，我们在给孩子设置挑战时，一定要掌握合适的尺度。这样，孩子在求胜欲的作用下，会争分夺秒地朝着自己的目标前进，不断地超越自己。如果父母为挑战而挑战，那就完全失去了激励的作用，我们设置的挑战也就失去了其本来的意义，不但不会对孩子的成长和学习有所帮助，相反还会挫伤孩子的积极性，导致孩子陷入不断受挫的恶性循环之中，其结果只能是与最初的愿望背道而驰。

创设情境，把孩子带入积极向上的氛围

教育孩子是需要情境创设的，在适宜的情境下，孩子的学习会更积极，它是孩子养成良好学习习惯的重要基础，就像我们种庄稼要种在肥沃的土壤中一样，否则再好的种子也无法茁壮成长。

家庭就是孩子最初生长的土壤。如果我们的家庭氛围积极向上，孩子学习的兴趣就会更加高涨，学习的效率也会更高。所以从家庭方面来讲，当孩子滋生出消极懒惰的心理之后，我们就要努力为其营造良好的家庭氛围，让他们感受到激励和关爱，他们心中才能充满能量。

　　过去，峰峰的爸爸妈妈对家庭环境不太重视，经常在孩子写作业时一边聊天，一边玩手机，峰峰的注意力总是在父母们聊天的话题上，有时忍不住还要插一下嘴，写作业三心二意。这时妈妈总说："你写你的，我们说话别插嘴。"

　　虽然峰峰不再说了，可他总是侧耳听着，心思根本不在作业上。因为学过的知识总是得不到有效的巩固，所以他的成绩也一直得不到提升。虽然妈妈想过各种办法帮他提升成绩，但始终没有什么效果。

　　一次家长会上，老师强调了家庭环境对孩子学习的重要性，说孩子只有在学习氛围浓厚的环境中才能更好地学习。峰峰的爸爸妈妈从中反思到自己给孩子营造的家庭环境实在太差，这才意识到孩子的学习成绩不好与自己有很大的关系。

　　后来，爸爸妈妈试着放下了手机，峰峰写作业的时候，他们会尽量保持安静，不看电视，也不交谈。再后来，他们还会拿起书来跟峰峰一起看。在爸爸妈妈的陪伴下，峰峰写作业认真了不少，之前不专心和磨蹭的毛病都没有了，成绩也有了很大的提高。

　　除了为孩子营造浓厚的学习氛围，活泼快乐的家庭氛围对孩子的学习和生活也非常重要。当孩子处于一个活泼快乐的环境中时，他所受到的影响是正能量的，这种能量会使他学习有信心，做事很积极；而当孩子处于消极环境中时，他自然就会变得低沉、懈怠，学习与做事就会磨蹭，肆意浪费时间。

　　叶子是一个性格消极的孩子，做事情从来没有很兴奋的感觉，一直慢慢悠悠、磨磨蹭蹭，这让做事痛快利索的爸爸妈妈很是焦急。为了改善叶子的情况，爸爸妈妈总是教育她时间很宝贵，做事情要认真、痛快，不要浪费时间……可她始终左耳朵进右耳朵出。说教没有效果，爸爸妈妈就想用环境去影响她，于是开始给她创设各种情境。

　　一次，妈妈给她报了一个有趣的家庭比赛，其中设有很多关卡，有的考验默契，有的考验耐力，有的考验勇气，有的考验速度……总之，这种比赛需要的就是活泼快乐的家庭氛围，这样才能获得好的成绩，拿到奖品。

比赛那天，激烈紧张的氛围让叶子非常认真，她努力跟爸爸妈妈互动，感觉到从未有过的兴奋感。虽然最后叶子家只获得了优秀奖，但她却真实地感受到了积极向上是多么让人高兴的一件事！

此后，爸爸妈妈经常会带叶子和一些性格活泼、积极向上的孩子玩耍，让她置身于一个充满正能量的环境中。起初，叶子还很排斥，玩得不是很高兴，可是慢慢地，她自己的性格也发生了变化，更喜欢跟阳光的小朋友待在一起了。

经过一段时间的努力，爸爸妈妈发现，叶子的性格真的有了很大的变化，做事积极起来，对学习的兴趣也有了很大的提高，做作业时拖拉、磨蹭的坏习惯也改掉了，这让爸爸妈妈非常欣慰。

总之，利用环境去教育和改变孩子也是行之有效的教育方式。我们想要利用这一方法，就要用心观察和筹划，想方设法把孩子带入积极向上的氛围中。慢慢地，我们就会看到孩子越来越可喜的变化。

由易到难，让孩子更易摆脱懒惰的束缚

很多孩子都有懒惰的毛病，他们什么事情都懒得做，经常消极怠工，把大好的时光都消耗掉了。然而，孩子绝非生来就是懒惰的。如果孩子懒惰，做事不积极，肯定是父母在教育孩子方面出了问题。

当孩子出现懒惰现象的时候，我们首先要找到问题的根源，有针对性地解决，帮孩子摆脱懒惰心理的束缚。

　　小羽经常被爸爸妈妈叫作"小懒蛋"，因为在家里他什么都不做。小羽之所以不做，倒不是因为他不想做，而是不敢做，因为他总是害怕事情会做不好，这样既浪费了时间，也浪费了精力，还赔上心情。所以他干脆什么都不干，然而他并没有意识到，什么都不干同样是一种莫大的浪费。

　　每当妈妈让小羽做什么事情时，他总是毫不犹豫地说："这件事情我做不了。"即使尝试一下，他也完全不乐意。可妈妈觉得，

如果孩子总这样下去很可能会变成一个生活的低能儿，所以一定要让小羽变得勤快起来。为了不让小羽产生畏难心理，妈妈先是让他做一些小事，比如收拾碗筷、洗抹布等，这些小活儿，他很容易就做到了。

后来妈妈又给他增加难度，比如洗完抹布之后，再去擦擦茶几、桌子等，小羽也慢慢地去做了。从简单到复杂，小羽做事情越来越得心应手，身上的懒劲儿也一天比一天少了。

现在，说起家里的事情，几乎没有小羽做不了的，妈妈由浅入深的教育方法在小羽身上已经展现出了非常好的效果。小雨现在不但做家务积极，而且在学习上也很积极，遇到难题会用心思考，从不放弃。现在的小羽做事干脆利落，说干就干，不拖沓，不磨蹭，时间利用效率极高。也不知道从什么时候开始，小羽再也没有被叫作"小懒蛋"了。

让孩子从最简单的事情做起，树立他们的自信心，这是小羽妈妈针对小羽的懒惰、怯懦心理找到的解决方法，可以说行之有效。反过来看，在教育孩子的问题上，很多父母的认识往往存在误区，他们觉得简单的事情不过是自己的举手之劳，自己顺手就干了，不必专门让孩子去干。等到了必须让孩子动手的时候，他们才意识到，如果孩子连小事都不会干，怎么可能干得好大事、难事？那个时候，孩子只能是笨手笨脚，勉力而为，不仅浪费时间，还很有可能把事情搞砸。

生活中，大部分父母会觉得自己的孩子很好，很优秀，可月月的妈妈却并非如此。在她看来，好孩子永远是别人家的，自己家的孩子什么都不会做。可是她不知道，月月的懒惰是她一手造成的。

　　月月妈妈是一个心直口快的人，虽然总是说月月的不是，可心里还是很疼她的，平日里也舍不得让她干什么活，只要是自己能干的事，她从来都不会让月月去干。经常有人对她说："月月都那么大了，一些简单的事情可以做做了。"可妈妈总说："都是些小事，我顺手就做了，遇到什么复杂的事情，值得干的事，再让她干。"可是，她却从来不想想，简单的小事都没有做过，怎么能做好复杂的事情呢？所以每次妈妈交代下来的任务，月月基本上都做不好，这让妈妈感到失望极了，有时生气还会口不择言，说一些让月月伤心的话。之后，月月干脆什么都不愿意干了，于是妈妈对她的印象越来越不好。

　　因为长期什么都不干，月月自然而然地变成了一个懒惰的孩子。她把很多做事情的时间都浪费在了闲玩上，不仅没有学到多少知识，甚至还被"懒惰"二字深深地束缚着，做任何事情第一反应就是后退，并暗示自己不是不会做，只是懒得去做，结果掉入了更为严重的恶性循环中。

　　总之，我们养孩子不能凡事包办，不能让孩子不作为，而是要让他们从最简单的小事做起，循序渐进，逐渐摆脱懒惰心理，变得越来越积极，越来越主动。当孩子养成了喜欢做事的好习惯之后，他们自然会变得勤快，学习起来效率也会更高。

夸奖孩子，会使有成就感的孩子更勤奋

　　人都是需要被肯定的，孩子也不例外。当孩子取得了成绩并且被夸奖时，他们会获得极大的自信心，这会让他们敢于做事情，并且会有很高的积极性，办事效率也会明显提高，从而节省很多时间。

　　有些孩子的懒惰并非天生的，只是内心的勤奋还没有被激发出来而已，当他们怀有满满的成就感时，他们通常会愿意做得更好一些，以往阻碍他们发展的各种负能量，这时候都会变得微不足道。

　　如果用一个字来形容自己的孩子，莹莹妈妈第一个想到的字就是"懒"。没错，她经常这样说莹莹。在她眼中，莹莹是一个十足的懒孩子。生活上，她"懒"得做好，从来没有好好完成过一件家务事，就连自己的衣服都洗不好；学习上，她"懒"得用心，上课不好好听讲，写作业磨磨蹭蹭，把时间都浪费了。为此妈妈经常指责她，可无论妈妈怎样说，她就是改不掉那些坏习惯。然而一次讲座却给了妈妈莫大的提示。那天，一位同学的妈妈邀请莹莹妈妈去听专题讲座——"夸奖的艺术"，听完之后妈妈受益匪浅。也是从那天开始，妈妈明白了夸奖对于孩子的重要性，于是妈妈决定尝试一下。

　　一天晚上，莹莹写完生字之后，时间已经很晚了，可妈妈还是表扬了她："与昨天相比，你今天居然提早了20分钟完成作业，今天表现不错！"说完，她们就各自去睡觉了。第二天，妈妈发现，莹莹居然又比昨天的时间提前了不少，于是妈妈很高兴地再次夸奖了她。

也许这对于其他孩子来说根本算不上什么，可对于莹莹这样从未得到过夸奖的孩子来说，妈妈的话简直有着神奇的力量，心中那点儿小小的成就感不断地激发着她努力学习。

一段时间之后，妈妈发现莹莹写作业磨蹭的坏习惯没有了，甚至还破天荒地起来晨读，这让妈妈非常惊讶，原来夸奖真的可以让孩子变勤奋啊！

身为父母，我们自然希望孩子越来越好，所以我们就要适当地给予孩子夸奖，鼓励他们勤奋。即使我们的孩子算不上优秀，我们也要善于发现他们的闪光点，然后针对这些优点进行夸奖，从而帮助孩子建立信心，促使他们越来越勤奋。

茜茜的妈妈很喜欢读书，可惜小时候她的家庭条件不好，没钱供她上学，所以她很早就离开了校园，没有机会走进自己梦想的学校。有了茜茜以后，妈妈把全部的希望都寄托在她身上，希望她能够学有所成，前途光明。然而，茜茜并不能体会妈妈的心情，在学习上很放松，从来不肯严格要求自己，因此在妈妈的督促和自己的放松之下，二人产生了矛盾。在妈妈看来，茜茜是个"一无是处"的孩子，什么事情都懒得去做，包括学习。在茜茜看来，无论自己怎样努力，始终得不到妈妈的认可，干脆什么都不干，自己还能省点儿力气。

看到孩子如此消极，妈妈绞尽脑汁想办法，终于发现夸奖是一个好方法。

一次，茜茜洗了一件白色的衣服，妈妈看见之后，随口说道："洗这么白啊！"后来妈妈发现，茜茜没事的时候就喜欢洗衣服，脸上还带着洋洋自得的笑意。面对她的这种行为，妈妈反复思考，才发现原因竟然是自己随口而出的一句夸奖的话。妈妈想："如果把这个方法用在学习上，或许茜茜就会变得勤奋。"

之后，每次学习时，妈妈都会适当地给茜茜一些夸奖。妈妈的认可当真让茜茜很有成就感，从而茜茜一反常态，变得越来越勤奋了。

事实证明，经常被夸奖的孩子心态阳光，主动积极，学习的主动性也比较强。相反，如果孩子总是被责骂、否定，他们的心态很容易受到不好的影响。因此，在教育孩子时，我们一定要克制自己的情绪，努力给孩子传递正能量。

第八章

提升自控力，让孩子更加守时

　　自控力是孩子能否管理好自己时间的关键因素。自控力强的孩子往往可以很好地管理自己的时间，按照自己制定的时间规划完成自己的任务。而自控力弱的孩子，需要我们家长的帮助和引导，才能管理好自己的时间。在日常生活中，家长要着重对孩子进行自控力方面的培养与锻炼，提升孩子的自控能力，把握住儿童时间管理的根本。

与孩子事先沟通好，孩子才愿意配合

在很多父母眼中，孩子的自控力太弱，必须要按照自己的要求来，才能让孩子养成珍惜时间的好习惯。这些父母的出发点都是好的，但效果往往会打折扣。事实证明，想让孩子养成珍惜时间的好习惯，最好的方法是与孩子事先沟通好，在尊重孩子意愿的前提下，让孩子明白珍惜时间的好处和意义，也只有在这种情况下，孩子才有可能听从我们的建议，配合我们的安排。

笑笑家离爷爷家有几十公里的路程，每次去看爷爷，他们一家人都是早上到，待一天，第二天早上就走，好像这已经成为一个习惯。所以笑笑每次到爷爷家之后，都是先去找小伙伴们玩，下午才开始写作业，这样什么都不耽误。

这个周末去爷爷家时，爸爸却因为公司有事情需要处理，所以只能在爷爷家待一上午，下午就得回家。可是这个事情爸爸忘了告诉笑笑，因为在他心里一直认为：孩子嘛，大人走时跟着走就是了。结果笑笑像往常一样玩了一上午才回来，吃过午饭正打算写作业，爸爸却告诉她："先别写了，咱们快该走了。"

"走？去哪儿？"

"回家。"

"为什么呀？每次不都是第二天早上回家吗？"

"今天爸爸有事，必须下午回去。"

"你怎么不提前告诉我呀？我的作业还没写呢，一下午走在路上，我还怎么写呀，时间不是全浪费掉了吗？你跟妈妈不是从小就教育我要做一个守时的好孩子吗？为什么你这次却不守时？你这样做，让我怎么合理安排我的时间呢？早知道你要这么早回家，我就不会找小伙伴玩了，我肯定要先写我的作业了，你让我怎么跟老师交代呢？"笑笑说着说着就哭了。

面对女儿连珠炮似的发问，爸爸意识到了问题的严重性，自己的行为确实伤害到了女儿，并且给她做了一个非常不好的示范。他有些惭愧地对女儿说道："好闺女，别生气了，下次有事爸爸一定跟你提前沟通好，让你安排好时间，行吗？"

笑笑看爸爸道歉的态度很诚恳，就不再跟爸爸生气了。她焦急地盘算着，自己接下来该如何调配自己的时间，把老师留的作业做完。

我们在要求孩子守时守信的同时，首先要做到自己守时守信。像案例中的爸爸那样，没能为女儿做一个好的示范，自己的计划有变，不及时跟孩子沟通，而是颐指气使地想当然，并迫使孩子接受自己的突然变卦，这显然是不对的，并且还让孩子对自己坚守的习惯产生怀疑，非常不可取。

最近一段时间，小强的爸爸妈妈很是苦恼，因为小强特别叛逆，说什么都不听，干什么事情都磨磨蹭蹭。其实，孩子叛逆，跟小强的父母有很大的关系。

小强的爸爸妈妈是比较传统的父母，他们觉得父母就应该有父母的威严，父母说什么孩子就应该听什么，容不得孩子丝毫反抗。每次有什么事情，他们并不会提前跟孩子商量，只是必要时简单通知一声。这让小强很不开心，他觉得爸爸妈妈根本不尊重自己。

五一假期，有朋友邀请小强一家出去玩两天，他们很爽快地答应了。为了解除后顾之忧，爸爸对小强说："快去写作业吧，今天就把所有的作业都写完。"

面对爸爸的命令，小强敢怒不敢言，他默默地在桌子跟前坐下，打开作业写起来。不过，他只是在做样子罢了，心思根本就不在作业上，一会儿看看这儿，一会儿又看看那儿，总之各种磨蹭，浪费时间，就是不专心写。

一上午时间很快过去了，小强的作业只写了很少一部分。妈妈看见后，就以沟通的语气给小强讲道理："明天咱们要出去玩，今天是你写作业最好的时机，如果不把握今天的时间，明天出去玩了，到时候你更没有时间写作业了，心里惦记着作业，你怎么能玩得开心呢？"听了这话，小强忽然有了积极性，抓紧时间写了起来，作业不是很多，所以他很快就写完了。

妈妈感到非常诧异，因为小强平时写作业从来没有这么快过，没想到认真起来，效率还是蛮高的。同时她也意识到，或许做什么事情之前跟孩子好好商量，孩子也就没那么叛逆了，做事情也不会像平时一样带着情绪去拖拉了。其实很多道理小强不是不懂，他只是不喜欢父母命令自己的方式，他希望父母能够好好跟自己沟通，沟通好了，他自然会把事情做好。

后来，小强的爸爸妈妈尝试着凡事提前与他沟通，效果果然很好。了解情况的小强，完全可以根据事情的轻重缓急安排好自己的时间，再也不用爸爸妈妈不停地催促、唠叨了。

总之，在教育孩子珍惜时间的过程中，我们要灵活运用各种沟通技巧，做到与孩子心灵相通，这样他们才不会有负面情绪，愿意接受我们的教导。

让孩子的情绪得到宣泄，孩子才更易接受父母的教导

要想与孩子进行沟通，让孩子拥有更好的时间观念，我们必须考虑到孩子的情绪问题。如果在孩子情绪激动的情况下教育孩子，通常不会取得很好的效果。我们必须允许孩子发泄自己的情绪，等孩子心平气和之后，再与其沟通，孩子才能冷静地思考问题，理解父母的苦心，也更容易接受家长的教导。

芬芬是一个脾气很大的小女孩，至少在妈妈眼中她是这样的。每次遇到不开心的事情，她总会哭闹不休，怎么劝都劝不住。

一天，芬芬写作业时遇到了一道难题，正托着腮帮子思考的时候。妈妈恰好从书房经过，见她一动不动，以为她又开始神游了，张嘴就说："你认真点儿好吗？不要走神了，时间很宝贵的，浪费了就没有了。"听了妈妈的话，芬芬很不高兴地说："我一直在写作业，没有走神。"

"我明明看见你发呆了，还狡辩！"

"我没有发呆，我是在想问题呢——"芬芬大声地哭喊起来，随后扔下笔就开始哭闹。妈妈见状意识到自己可能真的误解了孩子，于是赶紧上前安慰。可是无论她怎样劝说，甚至道歉，芬芬就是不听，

还变本加厉地闹腾。就这样，芬芬在一边哭，妈妈在一边劝，两个人僵持不下，难以收场。

后来爸爸走了过来，对妈妈说："既然劝不好，那就先让她哭一会儿好了，情绪发泄完了就好了。"果然，过了一会儿，芬芬就停止了哭泣，自己回到了书桌前。

汲取了这次经验教训后，妈妈彻底认识到了孩子也需要宣泄情绪。每当芬芬有情绪时，妈妈会想方设法去引导她，让她通过各种方式先将负面情绪释放出来，然后有什么问题再与其沟通，效果果然好了很多。

适度地宣泄情绪对孩子的心理和生理都有很大的好处，如果孩子心中积郁的负面情绪长时间得不到宣泄，就会出现注意力不集中、精神不振等问题，这样无论是做事还是学习，都会影响效率，造成时间浪费。所以，遇到类似事情，我们要么给予孩子空间，要么给予孩子时间，让他们自行调整自己的情绪。

最近一段时间，嘉嘉上课总是无精打采，注意力不集中，一节课下来几乎只有半节课时间在听课。老师跟嘉嘉妈妈反映之后，妈妈觉得很奇怪，因为这几天嘉嘉在家也是这个状态，一边写作业一边唉声叹气。妈妈告诉嘉嘉，上课要认真听讲，回家要按时完成作业，只有这样才能取得好成绩，如果整天萎靡不振，那就是荒废时光而已。嘉嘉虽然在听，口头上也答应了，可心里和行动一如既往地表现出完全不听劝的样子。

为了改善嘉嘉的状态，爸爸出马了。一天晚上，他来到嘉嘉的卧室，很认真地说："儿子，你是遇到什么问题了吗？最近怎么总感觉学习不在状态呢？"

　　"没什么事情。"

　　"有什么事情你可以跟爸爸说一说，说不定我可以帮到你呢？如果你总是这个状态，成绩很快会下滑的。"

　　"其实也没什么，我只是有点儿生妈妈的气。"

　　"为什么呢？"

　　"我们那天路过一个蛋糕店，我很想买一块蛋糕吃，可妈妈就是不给我买，还说我特别馋。"

听了这话，爸爸忍不住笑了，原来是孩子心里有了小情绪，于是安慰了嘉嘉两句之后就离开了。

第二天，妈妈买了嘉嘉爱吃的蛋糕给他，嘉嘉的话匣子就打开了："我那天要买蛋糕，你偏不给我买。如果有什么原因你直接告诉我就行了，可你偏不说，还说我馋，我当然会不开心啦！"

"发泄完了？"妈妈笑着问道，"我下次注意点儿就是了，行吗？"

嘉嘉没再说什么，不过那些话说出来，心里已经舒服多了，于是他拿起一块蛋糕，大口吃起来。

总之，在日常生活中，我们要尊重孩子，正视孩子的情绪，遇事先处理心情，再处理事情。孩子情绪好，才会更积极地去学习、去做事，从而提升效率，节省时间，向着父母期望的方向成长。

适当奖励，激发孩子守时的积极性

提到奖励，可能很多父母的第一反应就是"不行"，他们认为奖励会惯坏孩子。认为孩子获得奖励之后，尝到了甜头，之后可能会不断地向父母索要，并且会越来越严重。事实上，这样的想法是很片面的。适当地给孩子奖励，能够激发孩子的主动性，例如在孩子按时完成作业时，给予适当的奖励，孩子会更加守时，久而久之会成为习惯，即使没有奖励，孩子也能按照自己的节奏完成作业。

雨欣非常喜欢看动画片，上幼儿园时，每天放学回家的第一件事就是看动画片。可现在上了小学，雨欣看电视的时间就少了，因为每天放学以后的时间几乎被家庭作业占满了。为此，她特别反感写作业，一拿起作业就满面愁容。因为没心思写，所以雨欣写作业超慢，大部分时间都消耗在了磨蹭上。妈妈觉得，如果等雨欣养成了写作业磨蹭的坏习惯，想要改正可就太难了，必须趁现在还没有定型，想办法让孩子找到高效的学习方式。

为了激发雨欣写作业的积极性，妈妈答应雨欣，只要她认真写作业，保证正确率，就可以让她看20分钟的动画片。雨欣听了妈妈的承诺，高兴得一蹦三尺，整个精气神都变了。

写完作业后，妈妈说："让你看电视是对你认真写作业的奖励。只要你每天认真写，每天都可以让你看；但是如果你不认真，那奖励就没有了，到时候你可不要难过。能不能拿到看电视的奖励可就看你自己了。"

"妈妈说话算话吗？"

"当然。"

从那以后，雨欣总是能够保质保量地按时完成作业。妈妈看在眼里，心想：这小奖励的作用还真不小呢！

最后要说的是，我们对孩子的奖励应该多样化，除了口头上的表扬，还可以是一个拥抱和亲吻，偶尔也可以用物质奖励。但不论什么样的奖励，我们在奖励孩子时一定要明确自己的态度，让孩子知道因为什么得到这个奖励，做这些事情有什么更为积极的意义，提高孩子对事情的认识，而不是让孩子为了获得奖励去做这些事情。

　　小茹从小被全家人呵护着成长，什么活都不用干，勉强做一点儿也是不情不愿，慢慢悠悠，以至于小学四年级了，还是什么都不会。跟她同龄的女孩子早已经会自己洗衣服、洗头发，帮着家里做各种各样的事情了。每当看见别人在朋友圈晒女儿做家务的视频，再看看自己的女儿只等着衣来伸手、饭来张口，一天到晚只会无谓地消耗时光，小茹妈妈心中就不是滋味。眼看小茹与同龄人的差距越来越大，妈妈就想让小茹学着做些事情。可小茹已经养成了习惯，每次都不愿意，更谈不上积极。

　　为了激励她，每做一样家务，妈妈都会给她个小奖励。刚开始是口头表扬，后来又给她买东西，从来没有不奖励的时候，以至于小茹每做一件事情都要奖励，不给奖励就不高兴，甚至干脆不做了。

　　一次，小茹很想要一个新书包，于是趁妈妈不在家，主动打扫起卫生来。妈妈刚一进家，她立马跑上去说道："妈妈，你看我收拾得好吗？"

　　"很好，非常棒！"

　　"那你奖励我什么呀？"

　　"口头表扬！这也是奖励呀。"

　　"那不行，我想要一个新书包。"

　　"你的书包刚买没多久，现在还不能换呢！"

"哼，早知道这样我就不打扫卫生了。"

她的话让妈妈心里很不是滋味，觉得自己的教育出了问题，于是她把小茹叫到跟前，语重心长地对她说："你知道妈妈为什么给你奖励吗？"

"因为我做了家务啊！"

"妈妈是为了激励你做事情的积极性，把时间都好好地利用起来，而不是整天无所事事地浪费时间，什么都不会干。"

"哦。"

"可是你现在呢？做事情总是带有目的性，为了要奖励而去做事情，这样对你的成长很不好，很容易让你长大了变成一个功利性很强的人。这不是妈妈奖励你的初衷。"

听了妈妈的话，小茹惭愧地低下了头。

如前所述，用奖励来激励孩子，最关键的是让孩子明白为何会获得奖励，父母对他们的期望是什么，而不是使孩子将关注点放在获得奖励上，这样不管多长时间，孩子都很难发自内心地积极起来。

转移注意力，减少困难对孩子的负面影响

人生不可能一帆风顺，孩子虽然还小，还没经历过多少事情，但他们也会有自己"小世界"中的困难和挫折。孩子面对困难的承受力还不够强，真正遇到困难时，他们会有很大的负面情绪，如果这种情绪一直存在，可能会对孩子造成不利影响。例如，在写作业的过程中，当孩子遇到难题时，往往会因此心情烦躁，降低写作业的兴趣，从而导致拖拉，影响完成进度。遇到这种情况，我们应该帮助孩子转移注意力，尽量减少这种负面情绪对孩子的影响，并在此基础上引导孩子冷静思考，迎难而上，解决问题。

优优的学习成绩一直很好，每次考试都名列前茅。他的同桌学习也很好，每次跟他只差一两分，但始终没有超过他。

四年级下学期，优优因为迷上了看电视，所以分散了一些学习精力，考试时成绩稍有下降，第一次被同桌超越了，这使他的心情格外沮丧。可能在老师和父母的眼中，这只是一次普通的考试，可

在优优心中完全不亚于惊涛骇浪。自从这次考试之后，他的情绪就一直很消沉，认为自己真的失败了。假期里，他生怕别人问自己的成绩，更害怕别人提自己的同桌，总之，一学习就想到自己的失败，闲下来想得更多。

眼看他沉浸在这次考试失败中难过不已，爸爸决定好好地开导他一番。他把优优叫到跟前，说："考试是为了检验你在一段时间的学习效果，失败了，只说明你在学习上有不足的地方，这是你应该做的，不是沉溺在这次考试失利的苦恼中，而是想想你为什么没有考到自己理想的分数。找到原因之后，好好巩固复习，让学过的知识更牢固。"

"可是，我这次没有同桌考得好，我就是很难过。"

"那你觉得就这样一直难过下去好，还是化难过为动力好？"

经过爸爸的一番开导，优优终于不再纠结这次考试了。爸爸成功地把他的注意力拉回到了学习上，优优重新变得信心十足，准备迎接下一次挑战。

我们要强调一点，转移孩子对困难的注意力是为了避免孩子一味地沉浸在困难中浪费时间，而不是让孩子逃避困难，不敢面对困难。有些父母特别疼爱孩子，生怕孩子受一丁点儿委屈，一有困难就赶紧替孩子解决，久而久之，把孩子养成了温室中的花朵，经不起任何风吹雨打。长远来看，这对孩子的成长极为不利。

欢欢是家中的独生女，从小娇生惯养，爸爸妈妈舍不得她有一丁点儿不开心。生活中，只要欢欢高兴，爸爸妈妈什么要求都会满足她。只要欢欢遇到困难，爸爸妈妈马上就会帮她解决。当欢欢有了负面情绪时，爸爸妈妈也会想方设法转移她的注意力。

生活中，欢欢一遇到困难就不高兴，一着急还会哭鼻子，这时妈妈就会赶紧跑过来安慰说："这个事情的确不好做，咱不做它就是了，你看妈妈给你买的花裙子好不好啊？"……

学习上，每当遇到难题，欢欢就会很烦躁，抓耳挠腮，摔摔打打，这时爸爸就会说："不会做就先不做，等着让老师讲了以后再做，你先写点儿自己会做的作业。"

……

就这样，在爸爸妈妈的宠溺下，欢欢遇到困难从来不会想办法解决，而是一有困难就立即甩手不干，连解决问题基本的思路和勇气都没有。

后来，欢欢上了中学，开始了住宿生活，生活与学习上遇到困难时，她也是能躲则躲，躲不过就伤心哭泣，打电话向妈妈诉苦。自从上中学以来，她很少有开心的时候，每天不是因为这个难过，就是因为那个郁闷，几乎到处都是困难，每天都是阴天。

父母都爱自己的孩子，但爱不是全方位的替代，我们终究无法为孩子长久地保驾护航，如果不给他们提前锻炼的机会，有些问题在将来出现时他们可能会无法承受，要花更长的时间去进行自救，其结果还得两说。所以当孩子有困难时，我们要教会他们如何从困难中看到希望，从而抓紧时间解决问题，把问题踩在脚底下。

强化规则意识，让孩子懂规则、守规矩

俗话说，没有规矩，不成方圆，如果说有什么东西是孩子必须从小培养的，那就是规则意识。我们生活在社会中，人与人之间存在着各种各样的联系，如果没有规则约束，社会很难保持稳定。从个人来说，遵守规则的人往往是个人素质较高的人，也更受他人的尊重和喜欢。所以，我们要从小教育孩子懂规则、守规矩，这样他们心中就能树立起安分守时的潜意识，将来就不至于做事无底线、做人无下限。

周末，妈妈带小卓去逛街，回家过人行横道时，正好亮的是红灯。小卓左右瞅瞅，很开心地说："妈妈，快点过吧，没车。"

　　妈妈看了看红绿灯说："现在是红灯，即使没有车我们也不能闯红灯，这是规则，我们必须要遵守。"

　　"可是我们老师经常教我们做题要懂得灵活变通。"

　　"做题是做题，过马路是过马路，既然有交通规则，我们就得遵守，如果大家都不遵守规则，那多危险呀！有规则就要遵守，你必须从小树立规则意识。妈妈经常跟你说时间很宝贵，但是生命同样宝贵，非要比较的话，还是生命更宝贵。你不能因为节省那么几秒钟时间，而给生命带来危险。明白吗？"

　　"妈妈，我知道了。我以后遵守交通规则。"

　　"很多时候，我们都得遵守规则，过马路遵守交通规则，在学校遵守校园守则，将来走上社会还有很多规则。如果你不遵守这些规则，可能会对你造成很大的影响。"

　　这时，绿灯开始闪动了，妈妈牵起小卓的手，向马路对面走去。

　　生活中有很多不按规则办事的人，他们总是心存侥幸，认为只要能够提高个人效率，或者牟取个人利益，走一点儿"捷径"也是无伤大雅的，又或者他们不愿受规则的约束，故意用所谓的"灵活方式"来变通，结果不仅破坏了规则，也伤害了自己。

　　一个晚上，冬冬突然很想吃麻辣烫，央求爸爸带他出去买。爸爸说："你爱吃的那家麻辣烫没有餐位，得买回来吃，每次都有很多人排队，你不怕麻烦吗？"

"不怕，我就要吃那家。"

见他如此坚定，爸爸就答应了他，两个人穿上衣服就出门了。冬冬没想到，天这么晚了，居然有这么多人和他一样想吃麻辣烫，店门口排着长队。快走到队伍跟前时，冬冬拉着爸爸就往前面挤，一边挤还一边跟爸爸悄悄说："咱们今天走个捷径吧，我挤到前面去，省得排队了。"

"那怎么行？你没看到大家都在排队吗？"

"怎么不行？我是小孩儿，没人跟我计较的。"

　　"我说的不是买到买不到，而是说不排队不行。有序排队这是规则，你必须得遵守。"

　　"可是天这么晚了，我不是想省点儿时间吗！你不也经常说时间很宝贵吗？"

　　"节省时间是要提高自己的学习效率，不是浪费别人的时间来节省自己的时间，这样做很不道德，这是不对的。大家不喜欢这样的孩子。"

　　听了爸爸的话，冬冬小脸红了。他对爸爸说："我以后再也不想插队了。"

　　总之，我们不能让自己的孩子成为思想道德的缺失者。我们要教育他们遵守规则，承诺的事情要按时保质完成，但不能以消耗他人的时间和安全为代价来"节省"自己的时间。有句话叫"欲速则不达"，你不按规矩办事，妄图走捷径、节省时间，最后的结果往往是浪费更多的时间，付出更大的代价，甚至让全家人追悔莫及。所以，教孩子树立规则意识这件事，怎么说都不为过。

培养专注力，让孩子不再三心二意

生活中，经常听到一些父母抱怨说，自己的孩子做什么事情都三心二意，没个耐心，甚至做一件事的时候还想着另外一件事，很难将注意力完全集中在一件事情上。正因为这样，孩子每天都会浪费很多时间，真正的有效学习时间并没有多少。这就是孩子专注力不足的表现。专注力强的孩子，能够充分利用自己的时间，提高学习效率。所以，我们要有意识地提高孩子的专注力。

星期天，舟舟跟妈妈一起晨跑，两人并排而行，舟舟活蹦乱跳，一会儿就超过了妈妈，妈妈不为所动，还是按照原来的节奏不紧不慢地跑着。

过了不久，舟舟觉得跑步很无聊，他就停下脚步，看路边的花花草草。不大会儿的工夫，舟舟抬头一看，发现妈妈已经把他落下了一大截。

舟舟一口气追上妈妈，说道："妈妈我发现一个现象。"

"儿子，发现什么现象了？讲给妈妈听。"

"你虽然跑得不快，但是一直不停地跑，我只要一停下来，很快就会被你落下。"

"我儿子真聪明，这就是妈妈跟你讲过的专注力的问题，做事情只要足够专注，你就会取得很好的效果。"

"哦，好像妈妈之前是跟我讲过，让我写作业的时候不要干别的，要保持专注。"

"对，就是这个道理，一会儿写作业的时候，你可以试试，感受一下专注的力量。"

培养孩子的专注力并不是一朝一夕的事情，所以我们要有足够的耐心。当孩子专心干一件事情的时候，我们不要去打扰他；当孩子做事不专心时，我们要主动为其营造良好的环境，隔绝影响孩子注意力的事物，或者给孩子规定时间。经过一段时间的培养之后，孩子的专注力就会慢慢提升。

过去，薇薇做什么事情都三心二意，经常一件事情没做完就去做另外一件事了，或者表面上在做事，实际上却神游到其他地方去了。所以她总也做不好一件完整的事情，写作业也是马马虎虎，总是出错。妈妈知道，薇薇之所以会这样，就是因为专注力不足的缘故，所以一直想办法培养她的专注力。

平日里，只要薇薇在做自己喜欢的事，爸爸妈妈就尽量不去打扰她。例如，妈妈准备好饭菜，去薇薇房间喊她吃饭时，正巧看见她在做手工，就会回到餐厅默默等她，直到她做完才通知她饭好了。

空闲时间，爸爸妈妈会陪薇薇玩一些培养专注力的游戏，例如和爸爸比赛找不同，看谁找得又快又多。薇薇很喜欢这些游戏，每次生怕落后于爸爸，十分专注。

薇薇写作业时，爸爸妈妈也尽量为其营造安静的环境，他们会把手机调到很小的音量，不看电视，也尽量不走动，以免薇薇分神。

在爸爸妈妈的用心培养下，薇薇的专注度越来越高，过去写作业也就能聚焦 5 分钟，现在已经能长时间专注在作业里了。看到薇薇的进步，爸爸妈妈很欣慰，心想自己的努力终于没有白费。

总之，专注力对孩子的影响非常大，它不仅能帮孩子节省很多宝贵的时间，同时还能让孩子更加深入地思考，增强思维能力，养成良好的学习习惯，并最终内化为他们的品质。所以我们有必要培养孩子的专注力，让他们在专注力的加持下，在管理时间时更加从容。